JN438592

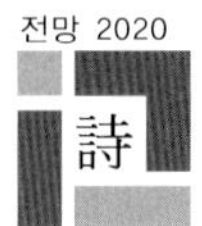

오래된 울음

조영환 외

전망 2020

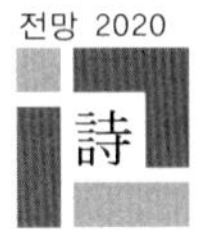

오래된 울음

조영환 외

다시올

미증유(未曾有)의 바람을 안고

생태학자 최재천 박사는 '현명한 인간'을 의미하는 학명 '호모 사피엔스(Homo sapiens)'를 '공생하는 인간'이라는 의미의 '호모 심비우스(Homo symbious)'로 바꿔야 한다고 주장합니다. 그를 비롯한 다수의 생태학자는 고작 25만 살에 불과한 인간이 45억 살의 지구에 기후 재앙을 일으키고 생물 다양성을 파괴하는 등, 지구 생태계를 파멸로 몰아가고 있다고 비판합니다. 그들의 결론은, 헛똑똑이에 욕심꾸러기 악동(惡童)에 불과한 인간은 지구의 다른 종(種)들과 평화로운 공존을 추구하는 호모 심비우스로 거듭나야만 한다는 것입니다.

2020.11.25. 오전 9시 기준 코비드-19의 전 세계 누적 확진자수는 무려 58,869,279명, 누적 사망자수는 1,392,795명을 기록했습니다. 미국에서는 자국민에게 백신과 치료제를 보급하고 있고 우리나라에서도 곧 백신과 치료제를 생산할 예정이라는 뉴스가 보도되었습니다. 그러나 만약 코비드-19 변종이 발생하면 백신과 치료제는 '뒷북'이 되고 말 것이라는 걱정스러운 예상과 올해 12월을 정점으로 코로나 3차 팬데믹이 발생할 수 있다는 우려로 사회적 불안이 매우 고조된 상황입니다.

효능이 우수한 백신과 치료제가 보급돼도 우리는 코비드-19 이전으로 돌아갈 수 없다는 전망도 있습니다. 영국의 민간 싱크탱크 네스타에서는 비록 많은 나라가 몇 달 안에 코비드-19 확산을 통제할 수 있다고 해도 정치적, 경제적, 사회적, 기술적, 환경적 거대한 변화는 수십 년 동안 지속될 것이라고 진단했습니다. 예컨대 여행 산업이나 항공 산업과 같은 면대면 산업은 쇠퇴하고 원격 진료와 화상 회의와 화상 강의 등, 접촉을 최소화하는 기술들이 더욱 발전하고 상용화 또한 가속하리라는 예측입니다. 그러나 포스트 코로나 시대에도 작가의 창작 환경은 코비드-19 이전과 큰 차이가 없을 듯합니다. 타자와의 접촉이 최소화하는 미래 사회에 작가는 오히려 작가적 사명에 더욱 충실할 수 있을 테니까요.

보들레르의 '바람이 분다. 살아봐야겠다.'는 시구처럼 가공(可恐)할 코비드-19에도 불구하고 전망 동인의 창작 열기는 여느 해 못지않게 뜨거웠습니다. 전망 동인들이 2012년에 제1집을 발간한 이후 올해에 제9집을 발간하는바, 이번 9집에도 총 31분의 동인이 139편의 작품을 수록한 것입니다. 미증유(未曾有)의 바람을 안고 전망 동인들이 완성해 낸 뜻깊은 작품 공간에 독자들을 초대합니다.

2020. 12. 15.

다시올문학회 회장 **조 영 환**

■ 차례 ■

1부
다시 오신 다는 것은

2부
나의 시간표

3부
냄새의 무게

수필
헛웃음

1부

다시 오신다는 것은

김병화 황경식 윤준경

김기산 조영환 신현복

이사랑 서영용 예박시원

코로나19 외 4편

김 병 화

1. 마스크 십자가
한 개인의 방역이 사회 방역이기도 한
이웃 사랑이 곧 하나님 사랑이기에-

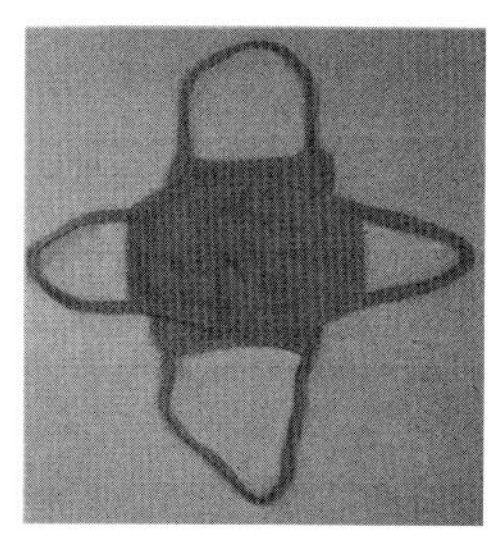

2. 가로수의 사회적 거리

땅의 마법 풀리니

꽁초 빡빡 빨아대며
행인 앞 가로막고
시근벌근 달려드는 저 부랑아도

짙은 화장에 큰 골반 휘휘 거느리고
걸어가는 저 밤 여인도

손수레 끌고 박스 파지 줍다가도
어느새 횡단보도 교통정리에 바쁜
오지랖 넓은 저 똥 군수 할배도

꽃이 되고 별이 되네

"너 한번 보고 하늘 한번 쳐다보다 보면—"
동요 병아리* 노랫말 개사해
고개 주억이며 부르다 보면,

* 물 한 모금 입에 물고 하늘 한번 쳐다보고 (아동문학가 강소천1915~1965)

난쟁이 연두와 키다리 초록

너를 난쟁이 연두라고 불렀다
처음, 키다리 초록은
그런 비아냥거림에도 아랑곳하지 않고
푸르름 쉼 없이 펌프질하고 있었다
태양의 불세례 견뎌내며

이윽고 저 들판 가득한 난쟁이 연두
우화(羽化)하듯 파랑 하늘색
서서히 벗겨지기 시작하더니
부시게 태어나는 황금빛 노랑—

키다리 초록 머쓱하게
내려다보고 있다.

다시 오신다는 것은

사막
오늘도 오셔야 했건만
이천 년 전 오셨다고 해서
딱 멈춰진 곳이다
교회 공장 안에서 판화처럼 찍어대는
황금 손 예수……
이 또한 모래바람 같아서

오오, 오셨지만
사막에 푸른 초원 옮겨심기 위해
사람의 아들딸로 오신다
낮고 낮은 걸음으로
얼굴 가린 채-.

도시의 군무

보도에 털썩 주저앉아
사시나무 떨듯 구걸하는 거지 있었습니다
너무 안쓰러워 배춧잎 한 장 손에 쥐여 주었습니다
그리고 막 그 앞 돌아서려는 순간
"고맙다 고맙다 ○○야"
나직한 음성에 왈칵 눈물 솟구쳤습니다
그런데 누군가 외쳤습니다
"눈이 온다- 눈이 온다-"
어둑한 하늘에 한두 잎 떨어지는 눈
삽시간에 바람 타고 무더기로 쏟아져
거리는 순간 크리스마스트리와 캐럴,
네온 빛, 자동차, 클랙슨, 인파 등이 한 물결 이뤄
거대한 군무로 일렁이고 있었습니다

김병화 시인
서울대학교 미술대학 조소과 졸업, 1988년 무크지 《문학의 시대》등단, 시집 『내 피곤한 영혼을 어디다 누이랴』(청하), 『밀짚광배 예수』(빛남), 『박정숙 어머니』(다시올), 이콘집(ICON)『십자가와 피뢰침』(민들레), 산문집『봄 그리고 봄』(kmc), 개인전 13회 및 단체전 120여 회 발표, kk9325982@hanmail.net

도플갱어* 외 3편

황 경 식

점점 무거워지는 몸을 달래려 산책을 나섰다
조심조심 산을 오르는데
몸속에 함께 가는 사람이 있다

마음이 주름투성이여서, 걸음을 옮기거나
숨쉬기도 힘겨웠던
태어날 때부터 흰 머리인 무명(無名)시인

잡을 수 없는 저주받은 말에 홀려
설니(雪泥)**의 꿈 바깥을 배회하다 무릎이 나가고

나보다 먼저, 저리 다급하여 호흡을 삼키며
외눈박이 보법(步法)으로 비틀비틀 같이 걷는다

*: 도플갱어(double gore): 같은 공간과 시간에서 자신과 똑같은 대상(환영)을 보는 현상.
**설니: 눈과 진흙

냉장고 늙다

집이 늙고 주인도 늙고 냉장고도
제멋대로 늙었다

마른 생선껍질 같은 꿈들이
구석에 얼어붙어 버렸고
모든 스위치가 쉽게 헐렁해졌다
깜박깜박하며, 사방으로
문이 열리고 닫혔다
바닥에 툭 떨어지는 비린 인연

속이 캄캄하다 환해지다 한다
벽 저쪽에서 흐르는 물소리
귀 먼 영혼이 침을 삼키고
돌연 숟가락 부딪치는 소리
잠시 모두 긴장하고
갈피를 잃은 마음도 같이 힘을 준다

갈라진 틈새로 새어 나오는 빛
방부 처리된 기억이 서름한 눈을 떴다

엔딩

밤새, 그 여름 사냥꾼을 따라다녔지만
머리는 고사하고

여름의 꼬리도 잡을 수 없었다
여름 호수도, 여름 별자리도 놓쳤다

종아리 가득 찰진 통증과 알이 배었고
사지는 탱탱한 술법에 묶였는데

잘못 부어 말린 시멘트 기둥처럼
사방으로 잔금이 내리그어지며
구겨진 군마음*이 덧없이 새어나갔다
구석구석 몸이 뻣뻣해지고
남의 살을 만지는 것 같았는데

엔딩을 빼먹은 듯 꿈은 계속되었다

*군마음: 잡생각

햄버거와 시

서러운 일생이 한 장의 패티로 저며 나온다. 고단한 꿈이 흐린 눈물처럼 육즙으로 흘렀다. 튀어나온 입술도 여윈 발가락도 함께 으깨어진다. 낯선 시구에 사로잡혔던 귀는 어디로 갔을까. 속속들이 멍든 말이 모차렐라처럼 녹아내린다. 더 이상 배를 내밀 수 없는 침묵의 끝. 히얀 양파 조각이 떨어지고 살 속 깊이 검게 탄 자국이 생겼다.

황경식 시인
경북 의성 출생, 1994년 1월『현대시학』으로 등단
2001년 10월 시집『실은, 누드가 된 유리컵』(문학세계사)
hks99a@naver.com

네가 말했네 외 4편

윤 준 경

거울 속 떡잎 같은 여자에게
네가 말했네

'더 늙지 말고 이대로 죽었으면…'

거울 밖으로 나가며
'아차!' 하는 걸
내가 보았네

'아, 행복하다' 고 너는
아침에 말했네
'아, 시원해' 라고 너는
바람과 말했네
'하나님 감사합니다' 고 너는
밥에게, 물에게, 사람에게 말했네

나는 묻지 않았네
'정말 지금이냐?' 고

'아니…'
네 속의 대답을
내가 들었네

낭만을 기다리며

봄이 온 줄은 알았으나 겨울 외투였다
꽃들은 자아실현에 충실했고
하늘은 한바탕 눈을 쏟을 눈치다

부부인 듯한 사람이 시큰둥 버스를 기다린다
어쩌면 그들은 사소한 일을 빌미로 폭발하거나
내일쯤 결별에 말을 꺼낼 듯
남자의 이마가 옥문처럼 잠겨있다

눈송이 하나가 슬금 내려와
남자의 콧등에 앉으려다 이내 사라지고
여자는 그것이 자기 코인 듯 허공에 손을 젓는다

어떤 이유로든 시든 꽃은
기력을 회복하기 어렵다
세상이 온통 꽃밭이던 처음은
아무도 기억하지 못한다

버스가 도착하자 두 사람이 타는 듯했으나
아이 하나가 달려와 여자의 허리를 잡는다

나는 타야 할 버스를 놓친 채
집까지 걸어갈 수 있도록
눈이 더 낭만적으로 내려주기를 바랐으나
다음 버스 다음 버스가 떠나도록
눈은 낭만적이지 않았다

사랑이 식은 마을에는
눈도 내리고 싶지 않다는 걸
짐작으로 알 수 있었다

그녀가 사랑을 거부하는 이유

그녀는 거부했네

따끈하게 배달되지 않아서
거부
내일 말고 바로 지금이어야 해서
거부
품질을 믿을 수 없어서
거부

체하거나
쉬 식을 급한 허기는
저장해 둘 곳간이 없어서
거부

오직 지금,
아니면 곧 시들 것이어서,
시드는 사랑을 바라보는 일은
녹는 눈처럼 쓸쓸한 일이어서
거부

사랑도
고플 때만 필요하다나요

뜨지 못하는 자의 변명

나 좀체 뜨지 않네
뭍에서도 물에서도 허우적거리네

나는 왜 혜성처럼 뜨지 못할까
별세계에도 물 세계에도
이 지상의 낮은 변죽에도
나는 없네

그때 뜰 걸 그랬나? 사랑하는 경아로
가슴에 A자 하나 품고
인생 한 바퀴 뒤집어 볼 걸 그랬나

떠오르는 그대들이여
그대는 몇 그램의 살과 뼈인가
몇 리터의 물과 기름인가
내 속을 회전하는 욕망의 퍼즐
켜켜이 퇴적된 막막한 생의 짐
무거워
조용히 가라앉는 의식을 집전하고 있네

숲에게

마음에서 풀냄새가 나는 건
내 안에 네가 있기 때문이야
너와 함께였던 시간을 찾아
마음은 늘 숲에 있지

세상 죄 다 가려주는 숲
큰키나무는 작은 덤불을
높은 풀잎은 낮은 꽃송이를
그리고 그 아래
더 조그만 나를 품어
풀물 들여 주는 숲

몸에서 풀냄새가 나는 건
다시 5월이 오는 때문이야

길을 떠나는 건 언제나
숲을 향하는 일

나에게서 너를 떠올리는 일

윤준경 시인
1980년 신사임당백일장 2위 입상, 한국시인협회회원 국제PEN회원,
공간시낭독회상임시인, 시집 『시와 연애의 무용론』 등 5권 출간,
june7590@hanmail.net

法 茶 외 4편

김 기 산

가마에 덖은 어린잎
응달에서 몸을 돌돌 말고
어둠 속으로 숨을 놓는다

잎맥에 가둬 놓은
해와 달과 구름의 길
어둠과 고요를 쓸고 간 바람의 줄기가

다관에 들면 몸을 풀고
파릇파릇 봄빛으로 다시 숨을 쉬고
눈을 뜨고 손을 내민다

몸에 배어있는 화엄경전
먼 향기에 가슴 굳은살 풀리는 소리
먼지 낀 번뇌 스르르 씻겨가고

마주 보는 눈빛들 여여하다

사람이라서 미안하다

어두운 새벽 나이 든 소가 소리를 내어 운다
식구들 따라 잠이 들고 잠이 깨었으니
부리망 쓰고 걷던 들과 밭
많은 발자국 되새김질하며
골목길로 끌려나간다

몇 겁의 생을 건너와
짚더미에 떨어질 때부터 가족이었으니
트럭 앞에서 할아버지 산소를 올려다보고
산울림 같은 소리를 낸다

휑한 외양간을 잡고 놓지 못하는 할머니
인간들에게 뼈 한 조각까지
내어주고 돌아가는 소에게
이제 부처가 사랑하는
너의 종족이 모여 사는 곳으로 가라
모진 인간들 세상 다 잊고

미안하다 오늘 사람이라서 미안하다

산중 호사

이런 곳에서 어떻게 사세요?
오늘도 웃음으로 대답한다

성글게 가슴 드러낸 겨울 숲은
서로 팔을 뻗어 엉켜서 칼바람 견딘다
나의 삶도 다르지 않다
성글은 눈[雪] 속에서 노랗게 숨 몰아쉬며
복수초 노루귀 너도바람꽃들이 나올 테고

날마다 땅 기운이 가물가물 鮮鮮해오고
밝음마저 벗겨낼 생강나무
들 찔레 덤불도 하늘빛을 올려다보고
조개구름 하루씩 더 가까이 내려서니

땅이 움직이는 아슴아슴한 빛에
모이주머니 들고나와 눈매 잔잔한
곤줄박이 황조롱이 쇠박새 들 기다리는
늙막의 움츠린 호사 누가 볼까
산중 補色으로 하루씩 없는 사람 되어간다

까치밥

안개가 자욱한 날이면 동네 어귀
마을 사람들 내려다보는 그 초소에는
어김없이 경계령이 걸린다
낯선 사람 출입을 구별할 수가 없어서이다
사람이 심은 나무에만 집을 짓고
마을 아이들 얼굴까지 익히고 사는
예부터 마을 안 한 가족이었으니
지금도 그들은 인가가 없는 곳에는 살지 않는다

그를 위해 과실 수확을 다소 남기고
이른 아침 남은 음식 울타리 밖에 두던
일상도 조상이 맺은 연이었다고
오랜 세월 民畵는 말하고 있다
까치설, 때때옷 어릴 적 시골집
감나무의 까치밥이 가로등보다 환했던 것도
내 안의 유전자가 눈을 뜨고 있는 것이다

적당함의 거리

아무리 떠들고 웃고 술을 마시고
소리를 질러 봐도 돌아올 때는 혼자다
낯섦이 싫어 친구를 따라가고
가족을 이루고 함께 잠을 자도
깨고 나면 누구나 혼 잣 길에 서 있다
가족도 특별히 친한 타인일 뿐이다
수선화가 찰랑이는 호수가
황홀한 빛에 발 들여놓으면 바로 늪이다
삶은 얽매이는 것 아니다
지극한 사이기에 자신을 내어주면
슬픔이 밀물처럼 들어서고
인간의 비극이 거기서 시작된다
하늘의 별들이 각각이듯이
대나무 숲 잎들 서로 붙어있지 않듯이
바람소리 그대로 성글성글 지나가게 하라
누구나 붙어 있을 때 상처받기 쉽다
적당함의 거리가 필요한 이유이다
언제나 혼자임을 가슴에 종기처럼 안고 가라

김기산 시인
본명 김영정, 한국시인협회 회원, 서초문인협회 이사, 공간 시 낭송회 상임시인 제24회 성균문학상 본상 수상 도서출판 한터 대표 시집 『노을을 베끼다』 『빈집』 kh4263@hanmail.net

강 외 4편

조 영 환

잠시만 아주 잠시만 더 숨을 고르렴
때론 네가 강을 건너는 게 아니라
강이 너를 건너는 거란다

부겐빌레아

꽃 속에 다시 피는 어머니
객지에서 시앗 얻어 살다
반신불수로 돌아 온 아버지
남루한 몸을 말없이 부끄러이
안아 씻던 어머니
돌아간 아버지를 말할 때면
저승꽃 가득한 얼굴에
아직도 홍조 피는 어머니

가을비

비가 내립니다

외눈박이 황색등 혼자 번쩍이는
거리의 가로수 잎을 지우며

내리는 비는 보이지 않습니다
길만 검게 젖을 뿐

악몽을 꾸는 듯
땀에 젖은 길이 번들거리고

불 꺼진 집 유리창에 거미처럼 달라붙어
하늘을 올려다보는 유령 같은 사람들

그 눈망울도 흘러내립니다

입동(入冬)

비 개인 초저녁 유리 같은 하늘에 초사흘 달이 맑고

바람은 산사의 풍경(風磬)을 건드려 그 소리, 소리

은행나무 성긴 잎, 잎에 금빛 지등(紙燈)을 켜네

새소리가 환한 것인가 은행잎이 맑은 것인가

소리와 빛의 경계를 지운 나무 가득 박새가 우네

장마

말이 내린다
말들이 퍼붓고
말들이 사납게 퍼붓고
말들은 스스로를 돌보지 않으며 퍼붓고
사나운 말에 도로가 잠기고
정전이 되고 가옥이 침수되고
산사태가 나고
사람은 꼼짝없이 말에 갇히고
갇힌 채 죽는다
그 위로 줄곧 말은 퍼붓는다
말들은 퍼붓기만 한다
어떤 소는 지붕 위로 올라가고
어떤 소는 도로에 둥둥 떠가고
어떤 소들은 무리지어 산속 암자로 올라간다
말들은 서로를 퍼붓고 퍼붓기만 하고
천지가 말에 잠겨도
말은 결코 익사하지 않는다

조영환 시인
충북 괴산 출생, 동국대 국문과 졸업, 2009, 계간《다시올문학》 시 부문 신인상, 전망 동인, 흰뫼문학회 동인, 다시올문학회 회장, 동인시집 『햇빛을 만지다』 외 다수, jyh724@hanmail.net

저녁이 맛있는 이유 외 4편

신현복

사무실 화분 나뭇가지에 창 너머 도로의
자동차 불빛이 망울망울 매달려 있습니다

활짝 핀 꽃 같습니다, 아니

절정의 순간을 꽃이라 부르곤 하는 걸 핑계로
저 울긋불긋한 절정 또한 꽃이라 하겠습니다

느릿느릿 기어가듯 핀 꽃들은 노랗습니다
신호를 기다리느라 멈춘 꽃들은 붉습니다

퇴근길 꽃이 활짝 피었습니다

꽃 피웠으니 곧 대롱대롱 열매 맺히겠지요
잘 익은 하루인데 그 맛 보나마나죠

저물녘

뜬금없이 마당 가 조그마한 짚 누리가 떠올랐습니다

“지금 안 나오면 진짜 저녁밥 읎다”
낮은 목소리가 짚단을 슬쩍슬쩍 들춥니다
“이놈, 들어오기만 해봐라”, 모르는 척
저녁마실 가는 목소리도 저만치서 들립니다
부뚜막엔 고봉밥에 째개 한 그릇
김 모락모락 따스합니다

생각 몇 단만 들춰도 대책 없이 아련한 늦가을
저물녘입니다

2020 가을

- 들국화

웃을 일이 그리도 없어요?

이리로 오세요, 도톰한 옷 챙겨서
밤새도록 웃게 해줄게요
여벌 옷 한 벌 더 챙겨오세요, 하루 더
묵을 수도 있잖아요

동문서답

요즘, 당신이 일찍 들어오니 저녁이 길어졌어요
그래서 참 좋아요

밤이 길어진 거지, 머지않아 동지(冬至)잖아

그러긴 해요, 동지(同志)가 되려면 좀 남긴 남았어요
그날이 오긴 오는 거죠?

커피 맛이 쓰다

나무의 땀

뙤약볕 피해 나무 밑에 주차하고
며칠 만에 운행을 하려는데
자동차 외부가 온통 진액투성이다

순간, 아 나무도 땀을 흘리는구나
그늘이 그냥 절로 생기는 게 아니구나
바람은 이 수고를 알고 있었구나

처음으로 나무의 등 쓰다듬었다

신현복 시인
64년 충남 당진 生, 2005년 《문학.선》 등단
시집 『동미집』 『호수의 중심』 『환한 말』 『그쯤에서 눕길 잘했다』
clstone@naver.com

외로움의 면역성 외 4편

이 사 랑

바람도 흔들지 못하는 침묵이여
천년을 한자리에 뿌리 내리고
꽃 한 송이 피우지 못하는 바위여
절벽을 붙잡고 홀로 서 있는 소나무여
텅 빈 가슴을 쓸어주며 우는 대나무여

아무래도
나 외롭다는 말은 엄살이 맞다

외로운 날은 별을 볼 일이다
수억 광년 떨어져 홀로 반짝이지 않는가
별이 반짝이는 건
그 별과 마주친 내 눈이 반짝이기 때문이고
그 별이 외로워 보이는 건
마음이 외롭기 때문이다
외로움이 외로움을 보았기 때문이다

허락도 없이 너를 사랑하면서
너만 생각하면 잠도 오지 않았다
한 사람을 사랑하는 일이
얼마나 외로운 일인가를 생각한다

오늘 밤도 별은 피어나고
내일 아침 별은 시들어 떨어진다

외롭지 않으려거든
사랑하지 마라

깨진 항아리

빈집에 이사와 보니
밑 빠진 장독이 물구나무서서
하늘을 보고 있다

빈집을 지키는 빈 항아리들
무언가 담겨질 날을 기다렸을 것이다

밑 빠지고 금이 가고 주둥이 깨진
저마다 상처를 안고 있는 항아리들
조심조심 마당에 모셔다 꽃을 심었다

꽃을 안고
생기를 되찾은 크고 작은
장독 젓독 시루 옴박지며 널벅지며 약탕관까지
그 옛날 식구들이
옹기종기 다 모인 것만 같다

자신의 속을 텅텅 비워가면서도
늘 배불렀던 장독은
묵은 된장이며 씨 간장 애간장을
온몸으로 삭히며
식구들 땟거리를 근심했을 것이다

웬걸,
우리 할머니는 죽어서도 죽지 않고
금 가고 깨진 가슴에
꽃을 안고 있다

어머니

마을 어귀에서 뒷모습 지워질 때까지
손 흔들던 나무
지금도 그 자리에 홀로 서서
떠난 사람 그리워 기다리는
한 그루 느티나무입니다

어느 날 문득 떠나온 길 뒤 돌아보니
길 끝에 아직도 손 흔들고 있는
당신 모습 가물가물 아련합니다

여행 떠날 차비 진즉에 마쳤다는 듯
오래 개켜둔 수의를 펼쳐 보이며
당신과 어둠을 덮고 나누었던 이야기가
이명으로 남았습니다

그해 늦가을
평생 입었던 그림자 한 벌 벗어놓고
먼 길 떠나는 당신의 뒷모습을 보았습니다
생이 연기처럼 참 가볍다는 생각을 했습니다
억장이 무너질 듯 죽을 만큼 큰 슬픔도
세월 가면 작아짐을 그때는 몰랐습니다

다시는 못 올 것만 같았던 봄
나는 꽃씨 봉투를 만지작거리며
다시 올 봄을 기다립니다

거풍하다

복숭아꽃 쨍하니 고운 날
사진을 인화하듯
암실에서 나를 꺼내어
빨랫줄에 널었다

복숭아 꽃 빛 물들라고
하얀 문장 한 자락
바지랑대 곧추세워 걸어놓고
골방에 갇힌
우울한 샹송도 내다 널었다

봄볕에 한나절
말렸더니
샤방샤방하다

무장다리꽃

겨우내 언 땅에 알몸을 묻고
봄을 기다렸을 것이다
뼈마디 숭숭 골병든 줄도 모르고
시린 무릎 둥글둥글 주무르며
살 내려 제 몸 삭는 줄도 모르고

– 허허 별거 있간디
– 사람 사는 게 다 그런거여

오로지
꽃 피우는 일이 숙명이라는 듯
꽃 한 번 피워 보겠다는
애달픈 연보랏빛

누구 보라고
누가 본다고
한적한 들판에 피었는가?

이사랑 시인
전주 출생, 2009년 계간 《다시올문학》 등단, 시집 『적막한 채』,
poem2112@naver.com

신발 외 4편

서 영 용

H 백화점에서 일본브랜드 운동화를 샀다
두 달 신으니 뒤꿈치 스펀지가 너덜거렸다
화가 났지만 오가기 귀찮아 포기했다

백화점 가서 미국브랜드 운동화를 샀다
새 신 신고 직장에 딱 하루 근무했다
다음날 왼발의 통증이 심해
홧김에 절뚝거리며 가게로 갔다
매뉴얼대로 오리발 내밀며
검사하러 보낸다고 했다
며칠 후 갔더니 다른 신발을 주었다

포기했던 H 백화점에 갔다
매뉴얼대로 부인을 하며
애프터서비스를 해주겠다며
추가 요금을 원했다
그러기로 했다

불량화 두 켤레로 두 달 동안 고생했다
유명백화점 외국 브랜드만 믿고 구입한 게
화근이라면 화근, 돌다리도 두들겨 보고
건너가라는 우리 속담을 생각했다

복고풍 감성포차

점심식사로 매콤한 주꾸미를 먹는다
난롯가 테두리에 앉아서 조리하는
깻잎에 싸먹는 계란말이가 특이하다

벽에 붙은 외상사절 안주일절
전봇대 설치물 외등 나무문과 창살

반공문구나 포스터 그리고
초등학교 시절로 돌아간 듯한
복고풍의 종이문구가 새삼스레
감성을 자극하더니 폭발시켰다

여주인 왈
70년대 방식이에요
나이를 잡수신 분들이 많고
가족단위로 많이 와요
젊은 사람들은 적어요

나이 든 사람은 추억을 잡숫고 싶어서
젊은 사람은 부모님 세대의 낯선
호기심을 먹고 싶어서

복고풍 태마가 돈이 되는 세상
복고풍 감성포차 포장 당하는
치열한 마케팅 전략

알게 모르게 매수당하고 있다

통닭 연구

요즘 요리 취미에 푹 빠졌다
퇴근길 포장용 닭 6800원 마트쇼핑을 했다
냄비에 마늘을 듬뿍 넣어 끓인다

몇 년 전 전철역 앞
이름 있는 치킨집이 배달까지 하는데
언론에서 원가보다 너무 부풀린다고
연일 아우성이더니 문을 닫고 말았다

며칠 전 좋아하는 치킨집이 다시 오픈했다
가고 싶었지만 내 손맛을 더 확인하고 싶었다
불경기라 저가 치킨집이 계속 문을 여닫는
무서운 비말의 시절이다

경제학과 교수님의 〈비정상 경제회담〉
격정토론 책을 보고 세상 이치를 터득하던 중
은퇴자의 모든 경력은 통닭집으로 모인다는
한국 속담 같은 슬픈 사회생활의 실정

쉽게 차릴 수 있고 많이 남는다는 통닭
소문만 무성해 수요와 공급이 절벽인 시대
새 인류 패션 마스크가 귀에 걸리고
영업 제한으로 통제 된 바이러스 풍속도
근무 일수 조정으로 월급을 70%만 받는다

본의 아니게 착한 소비에 동참하듯
마늘만 몽땅 넣은 것뿐인데 메이커보다
내 착한 소비의 손맛이 더 깊은 맛을 낸다

포도나무 가든

식당 현관문 앞 세 그루의 포도나무
푸르고 푸르렀을 포도나무
거기에 매달려 말라붙어가는 포도송이
20년 경력을 자랑하는
우리 동네 추어탕 집,
처음 와 낯설어서 두리번거리듯
포도나무 잎이 9월의 하늘을 가린다

포도나무 가든
상호가 가을 정감을 더하는 한낮
시골 풍경 생뚱맞게 걷어와
서울에 내놓은 낯선 이미지
미꾸라지 잡던 시냇가 추억
포도나무의 싱그러움
고향의 정서를 고즈넉하게 풀어 놓은
한 폭의 풍경화다

미꾸라지 원산지증명서
화성 양식장 사진이 벽에 붙어있고
깔끔하고 심플한 장식물

정갈한 미꾸라지 편안한 미각과 맛
만 원 지폐의 효용을 부풀리고 있는
꽉 찬 차량들 먹는 즐거움을 보탠다

서울 식당에 흔한 시골 풍경
상호와 포도나무가 영업노하우로 변신해
연상이 좋은 아이템으로 마케팅이 되는 세상
간단한 장사수완도 장소에 따라
전략이 되는 현장 교과서다

DRIVE THRU

하지 다음날
낮은 따가운 햇볕을 받으며
산책을 나선다

집 앞 스타벅스 커피숍
DRIVE THRU 푯말
입구에 차량이 줄을 잇는다
여기서 주문해주세요
글자 앞에서 대화가 오간다
나온 곳에 커피잔이 건네진다

코로나 방송에서 열나게 외치는
사실 그 단어를 이해 못 했다
티브이로 보는 DRIVE THRU 방식
외국 언론도 이 방식에 말을 보탠다

운전 중에 마시는 커피
취향이 생활화되어가는 세상
k 방역모델, 일상생활 속 진리는
항시 내 앞에 놓여 있었다

서영용 시인
나주출생, 세종대학교 경제학과 졸업, 2010년 계간 《다시올문학》 신인상, 강남문인협회 이사. 동인시집 『고양이 골목』 『꽃에 대한 예의』 외 seoyoungyong@hanmail.net

우한의 그림자가 상륙하다 외 4편

예 박 시 원

뜨라는 해는 뜨질 않고 자욱한 대륙의 미세먼지와 안개 속에 여기저기 괴로운 기침 소리만 컹컹대는 하루다

자다 깨다 불면의 밤은 계속되고 동이 터도 쾌청한 날 없이 짙은 스모그만 계속되니 각혈의 그림자가 보인다

평소에 몸 여기저기 쑤시던 통증이 점점 한쪽 제일 약한 곳에 몰림 현상이 생겼고 육탄방어전이 시작되었다

미세먼지와 안개 스모그는 서막일 뿐 본격적인 전쟁이 시작되었고 이제 피할 수 없는 전투를 치러야만 한다

통증이 밀려오는 시간

간발에 타이밍을 놓쳐버린 시간이다
싸늘하게 등을 보이며 사라져버린
그대 이름을 애자지게 왜장치며
눈부신 손목을 힘껏 잡아채지 못했다

바닷새가 낚시 미끼만 얄밉게 가로채고
까무룩 거리며 속없이 가버리던
먹이를 놓친 채 속앓이만 하며
허기진 담배 연기만 날리는 시간이다

오륙도 바라보는 유람선 뱃머리에서
백 갈매기는 주변만 빙빙 맴돌고 있지
창공에서 그대 환한 미소를 보았지만
오늘도 통증이 밀려오는 시간이다

지금 말한 건 모두가 속가슴의 이야기지만
그대도 이젠 진실을 알게 될 시간이다
가버린 사랑이 든 놓쳐버린 시간이 든 항상
물회 한 그릇과 불소주의 시간은 붉기만 하다

바다로 나간 사람들

바다가 울어대도 그것은 늘 일상일 뿐이다
거친 파도가 치대며 뱃구레를 긁어대고
때론 소리도 없이 잠을 자더라도
오늘도 침묵의 먼바다로 나가야만 한다

타오르는 태양 아래 고된 바다의 하루여도
늘 그렇듯이 변함없는 일상일 뿐이고
짜릿한 손맛과 펄떡이는 그것들은
사나이의 가슴을 요동치며 뛰게 해준다

미끈둥거리며 춤추는 것들을 끌어안으려
오늘도 사내들은 먼바다로 떠나고
온 힘을 다해 로프를 풀었다 끌어당길 때
그물을 받치는 태양은 붉기만 하다

바다에선 모든 걸 스스로 해결해야 하지만
배 닿은 항구에선 모든 걸 내려놓으면 그만이다
거뭇발 어둠이 내려앉은 분주한 저녁이나
모두가 잠든 밤에도 항구의 불빛은 붉기만 하다

내 생의 봄날을 도둑맞은 날

문득 그리움이 찾아온 날 마실 나갔던 정신을 불러오니 내 생의 가을을 몽땅 도둑맞은 날이더라

어찌하다 보니 잠에서 깨어나면 늘 옆자리를 지키는 건 아내 대신 괴물 같은 베개뿐이더라

봄날엔 아내가 화사해지고 가을날엔 이내 몸이 충만해지던 가시버시 생의 봄날은 어디로 갔을까

노을 강 언덕길을 그날은 둘이 걸었는데 홀로 걷는 발걸음을 맞아주는 건 하얗게 핀 갈대뿐이더라

날씨는 변해도 사람은 안 변한다고 개 같은 성질을 타박하며 잠자리에서 내지르던 발차기뿐이더라

바람 부는 경호강변에서

바람 불어 좋은 날 이리저리 휘날리는
봉두난발의 갈대는 슬픈 미소를 짓는다
우우우 우짖는 바람 소리 따라
가냘픈 코스모스꽃처럼 모가지를 숙이고
마치 광녀 머리카락처럼 사방팔방으로
흩어지며 흔들리고 있다
오늘 같은 날엔 이는 바람에
하얀 손수건 띄우기 좋은 날이더라
진정 그리운 그대 가슴에
떨리는 손으로 띄우는 하얀 손수건
식어버린 찻잔처럼 이젠 미련 없더라
바람 부는 날에는 그냥 그렇게
바람 따라 이리저리 날리며 가는 거야
눈치도 안 보고 복잡한 생각도 없이
그냥 이대로가 좋아 이대로 가는 거야
오랜 시간처럼 여행을 떠나는 거야

예박시원 시인
1966년생, 시 · 소설 · 문학평론가, 1987년 무크지 《서부전선》 황금찬 시인 추천, 2009년 《시와사람》 이은봉 시인 추천, 2009년 계간 《다시올문학》 소설 등단, 한국문학방송 작가회 이사, 계간 《詩와 늪》 주간, 다시올문학 전망 동인, 평론집 『달빛 속의 詩』 『화채 한 그릇의 이야기』 yeoweseok@hanmail.net

2부

나의 시간표

최혜영 송기남 이진환

유춘하 오영록 최경선

박병원 김경철 송동현

출판기념회 외 4편

최 혜 영

캠핑카에는 사슴벌레, 장수풍뎅이, 황세로줄나비, 암먹부전나비, 큰 멋쟁이나비가 사슴벌레의 시집출판을 축하하기 위해 모인 자리였는데요

하늘에선 구멍이 뚫린 것처럼 한여름 밤 비가 쏟아지는데요

블루투스로 연결된 휴대폰에선 폴킴의 "모든 날 모든 순간"이 물안개처럼 피어오르고 있었는데요 투명하고 다리가 긴 와인잔에 담긴 빠알간 루비 같은 포도주는 정말 맛있었는데요

연보라, 연초록, 연분홍 등 작은 들꽃들 다투며 이야기꽃 피울 때 노란 질투가 물방울처럼 마구마구 튀어 올랐어요

멋진 외모와 근사한 몸 날카로운 집게다리 같은 성격의 사슴벌레 무릎에 새끼 고양이처럼 귀엽고 예쁜 황세로줄나비가 사뿐히 앉아 이곳저곳 둘러보며 상 차리느라 분주하고 사슴벌레는 상기된 얼굴로 침방울 튀어가며 목청을 높이고 있었는데요

검은 뿔테 안경 너머 슬쩍슬쩍 나비의 동태를 지켜보는 장수풍뎅이 해학과 재치 있는 말솜씨로 웃음꽃을 피우고 학의 다리처럼 고고한 큰 멋쟁이나비는 핸드드립 커피를 만들며 도도하게 앉아 시 한 수 읊으며 잘난 체하고 이제 겨우 숨쉬기 시작한 암먹부전나비는 이 모든 게 새로운 체험이라는 듯 귀쫑긋, 눈반짝 하고 있었는데요

사슴벌레의 시와 목청 터질 듯 부르는 노래와 와인 한잔에 비틀거리며 장수풍뎅이의 나비철학을 밤늦도록 논쟁하고 있었는데요.

그때, 때마침 암먹부전나비 휴대폰에 당도한 카톡 한 줄

"정말 밥 안 줄 거야?"

화들짝 놀란 토끼처럼 신발 한 짝도 버려둔 채 깡충깡충 저수지를 넘어가느라 사슴벌레 출판기념이 전복되었다는 소식을 담장을 타고 올라온 능소화 넝쿨을 통해 전해 들었다네요

소돌항

주문진항에서 조금 떨어진 마을이 있는 좁은 길
작은 개천을 끼고 양쪽으로 부서진 벽돌 같은
집들이 다닥다닥 줄지어 있고
구불구불 풀어진 실타래 같은 골목에는
등걸이 바랜 빈 의자들이 듬성듬성 놓여있었는데요
지팡이처럼 굽은 허리를 가진 노인들이
두세 명씩 의자에 앉아 그물에 걸리지 않는
바람 이야기를 하고 있었어요

작은 어촌마을의 어시장 거리를 지나자
작고 예쁜 소돌항이 보였어요
옆으로 누운 소처럼 생겼다 해서 소돌 바위
코끼리처럼 생겼다는 코끼리 바위
소원을 빌면 아들을 낳게 해준다는 아들바위
작은 항구에 기이한 바위들이 파도와 바람을 맞으며
퇴적하고 풍화되고 있었구요
바위들 너머로 빨간 등대는 고기잡이 어선의
깃발을 끌고 소돌항으로 돌아오고 있었는데요

정박된 배들은 파도와 한 몸처럼 흔들리는 좌판에서
오징어, 문어, 가자미, 광어를 썰어 회 한 접시, 소주 한 병을
싱싱한 웃음으로 팔고 있는 상인이 있었구요
나는 오늘 성긴 그물에 걸린 물고기처럼
하루를 소돌항에서 마감하고 있었어요

월계수 나무

수년 전
월계수 나무 한 그루를 내 안에 들여놓았다
나무는 천둥처럼 푸른빛 뱉으며 초록으로 다가왔고
번개처럼 하늘을 가르며 노란 꽃을 피웠다
태풍 같은 위력으로 잿빛 나무껍질을 단단하게 했고
파도처럼 소용돌이치며
우리 집 담장을 넘어오고 있었다

하지만
몸이 아팠던 나는
나무 한 그루조차 가꿀 수 없는 지난한 시간을 견뎠다

팔을 자르고, 다리를 자르고, 몸통조차 잘려 나간
서글픈 오후를 보내고 있을 때
누렇게 바랜 묵은 책들을 정리하며
나른한 오후를 보내고 있을 때
처마 밑 희끗한 노인을 바라보며
지루한 오후를 보내고 있을 때

월계수 나무는
잎이 나고 꽃이 피고 열매 맺는
순환을 거듭하며 내 안에 자라고 있었다

어느 토요일 오후
월계수 나무는
안으로 안으로만 자라다
아름다운 향기로 봉인된 채 내게 도착하였다
상자를 열었을 때 나는 취해 정신을 잃고 쓰러질 뻔했다.
그 향기 흔적조차 없이 사라질까 봐 두려워 되뇌인다
집착하지 말자

그냥
인적없는 숲속 청설모가 지나가는 것 같이
깊은 산사에 울려 퍼지는 풍경소리 같이
저수지에서 유영하는 오리 떼같이
푸른 월계수 나무 한 그루 마음에 심으련다

새벽 편지 · 1

별이 쏟아지는 창가에서 홀로 편지를 쓴다
가슴 저린 그리움 운명이라 여기며
지금 가장 빛나는 별이 너라고 생각하며
새벽 편지를 써서 미안하다. 미안하다

새벽 편지 · 2

오늘밤
그도 나처럼 잠 못 들고 뒤척이나 보다
갈대 흔들리는 바람 소리조차 없는 고요
칠흑 같은 어둠, 쏟아지는 별빛
창가에 반딧불이 노란 등 활짝 밝히며,
몸부림치고 있는 걸 보니……

최혜영 시인
서울출생 2009년 계간 《다시올문학》 등단, 다시올문학 운영이사,
현 수원 해담유치원 원장, 동인시집 『느슨한 저녁』 외
hye8268@hanmail.net

너도 날아봐 외 4편

송 기 남

하늘에
흰 구름이
그림 그리거든

바람아 너는 슬며시
비켜 가거라
그리던 것 날아갈라

계절의 조화가
바람의 심술로
마술에 빠진 듯

사랑 깊은 마음에
꽃바람 불거든
너도 날아 보거라

흰 구름인 양
바람인 양
슬며시

시월의 끝 날에

스치는 바람이
처마 끝 풍경 소리에
그리움 태워

시월의 끝 날에
보고픔 모아
띄워 보낼 때

지나는
흰 구름 하나
머문 하늘엔

홍시 닮은 노을
오늘을
수줍어하네

가을의 꽃

코스모스 국화 지칭개
투구꽃 구절초 궁딩이
무구한 꽃들이

은근 약한 향으로
지나는 바람에 업혀
나들이 갑니다

떨어지는 낙엽도
꽃이 되면
바람도 설렁설렁

가슴에 들어와
마음 설치는
계절 전하면

마음도 꽃인 양
착각하여
가을을 넘보지만

누군가를 기다리는
보고픔이 섞인
가을은 참 깁니다

내 곁에 가을꽃은 영원한데

정 그리워

그리움이 맞나보다
추억 속 그 사람
파란 하늘에도
스치는 바람에도
툭툭 튀어나와
코스모스처럼
하느적 반기니

노을 따라가
달이 차면 오려나
기다림도 지나
흰 눈이 올 때쯤
눈雪 같이
추억의 길
찾아오려나

세월 지나
엷어진 발자국에
지워지지 않는
발자국 그려 놓고
별들이 길 잃어버린 날

은은한 달빛에
날 찾아오게 해야지

情 그리워

가자

살면서 낀 검은 마음
하얗게 포장해
白夜의 나라로 가자

새봄이 와 들킬 때까지
나도 모르게
하얀 마음으로 살자

달빛에 들켜도
그림자라 우기며
속내를 보이지 말자

모두가 포장되어
백설에 사는 척
착각하며 가듯

비에 씻긴 마음으로
잠시 머물다
편히 가자

송기남 시인
2011년 《서라벌문예》 등단, 2011년 한국을 빛낸 자랑스런 한국인 대상, 한국직업전문학교 교장 역임, 시집 『행복 찾기』 『오늘』 『울타리』 등 .koca7@hanmail.net

오래된 울음 외 4편

이진환

숲에서 하나둘 나무를 세고 가면
나무가 되었다 숲이 되었다 고요가 되었다
고요가 깊어지자 웅크리고 있던 숲이 안개처럼 몸을 푼다
불신의 늪이 꿈틀거려서다

한 때, 뿌리 뻗친 늪에서 마구잡이로 우듬지를 흔들어대다
새 한 마리 갖지 못한 나무였다
눈도 귀도 없는, 그 몸속으로
흘러 다니던 울음을 물고 새들은 어디로 갔을까

어릴 적 어둑한 논둑길에서 두려움을 쫓던
휘파람 소리와 함께 가슴을 졸이던 눈물이었다

울음의 반은 기도였으므로,

안개의 미혹에서 깨어나는 숲이다
고요란 것이 자연스럽게 들어서서 허기지는 저녁 같아
모든 생명이 소망을 기도하는 시간이 아닌가
두려움의 들녘에서 울던 오래된 울음이
징역살이하듯 갇혔던 가슴으로 번지고 있다

기도를 물고 돌아오는 새들의 소리다

햇살 – 그 빛

텅 빈 하늘을 햇살 밝은 빛으로 채우신 당신

한 줌의 용기로는 어둠의 두려움을
이길 수 없기에
당신의 빛이 간절합니다

어떤 모양으로라도 버려야 할 악의 모습을
버리지 못하기에
당신의 사랑이 절실합니다

평생을 달려야 할 여정에
절름발이 달음질이라
믿음의 지팡이가 절대 필요합니다

텅 빈 하늘을 햇살 밝은 빛으로 채우신 당신

주옵소서
기도의 눈물 두레박이 마른 우물 땅에 닿았습니다

물의 방울 비로 주시나요
구름 조각, 눈으로 주시나요

햇살 고운 빛을 담은 비로 오네요
햇살 고운 빛을 담은 눈으로 오네요

하늘 문

가난한 자에게는
큰 믿음으로 부자 되게 하소서

가진 아픔은 빗물로도 씻기게 하시고
눈으로 녹는 응어리이게 하소서

고난의 날을 통하여
축복의 도구로 사용되게 하시고

어떤 자리 어떤 행색으로도
천군 천사의 기품으로 서게 하소서

가을을 길게 하여 주시어
긴 날의 수확에 기쁨으로 마냥 웃게 하시고
채워서 비워가는 하늘의 문을 열게 하소서

부자에게는
큰 믿음으로 가난하게 하소서

가진 재물을 이웃의 한숨에도 나누게 하시고
차가운 땅을 덥혀 재우는 온정의 가슴이게 하소서

풍요의 날을 통하여
나눔의 도구로 사용되게 하시고

어떤 자리 어떤 행색으로도
오만과 교만을 벗게 하소서

봄을 길게 하여 주시어
긴 날에 씨를 뿌리고 심어서 베푸는 사랑으로
비워서 채워가는 하늘 문을 열게 하소서

작은 믿음

받은 사랑보다 작은 사랑을 나누며 살아도
부족하기에
가진 믿음보다 더 큰 바람의 기도를 하여도
모자라기에
순종의 기도로 채워지는 넉넉함을 보게 하소서

매일같이 만나의 배부름에서도
허기진 삶으로 숨 가삐 달음질치는
무지함의 죄인을
모자란 기도의 눈물로도 깨우치게 하시고
작은 믿음의 참회로도 한 겹옷의 따뜻함으로
덥혀 입게 하소서

나이의 바람에
마른 손끝에 침을 발라 또 다른 여정을 준비하는
헛된 꿈의 죄인을
당신이 품어주시는 품에 안아
한 겹 홑이불로도 포근한 잠이 들게 하소서

어떤 상황인들 당신의 빛 가운데로 서지 아니하며
어떤 아픔인들 당신의 손길에 닿지 아니할까요

주신 사랑보다 작은 사랑으로라도 당신을 사랑하리이다
주신 믿음보다 작은 믿음으로라도 당신을 믿으리이다

소인(笑印)

반백의 나는 아직도 집사람을
각시야,
하고 부른다
때론 뚱아, 라고도 하지만

각시의 거울 앞에 서면
소인 찍힌 웃음이 있다
커다란 웃음에 소인이 선명하다

쭈욱,
눈썹 끝을 당기고
색 고운 두 입술을 오물거려
쓴 말도 달게 달인다
온기를 속에다 가득 채우고
저녁까지 하루를 끌어다 한 묶음에 묶은

으흠!
마음 다발은 등기다

이진환 시인
경북 포항 출생 2014년 《국민일보》 신춘신앙시 대상,
2016년 계간 《다시올문학》 신인상, 동인시집 『고양이 골목』 『꽃에 대한 예의』 외, jjjinlee@naver.com

동전 외 4편

유 춘 하

동전 한 개
번쩍,

또 여기저기
번쩍번쩍

술 취한 사내가
어젯밤 주머니를 쏟았던 모양이다

누가 볼까나
히히히
오늘 재수 움텄네

나의 시간표

나는 누구보다 삶을 집중했다
살아야 하는 이유를 붙잡고 강하게 살았다

하지만 기약도 없는 열악한 상황에서
짓밟힐 대로 마구 짓이겨져 비명조차 지를 수 없었을 때가 있었다

아, 이래서 죽는 거구나
누구보다 뜨거웠던 나의 정체성에서는 불똥이 튀기고 있었다

밤이 무서웠던 시간
커튼을 젖히고 불 켜진 불빛을 세어보며
그들의 삶을 연상했다
또 한 집 불이 꺼진다
자려는가 보다
창가에 단풍나무와 나는 언제 친구가 되었는지 모르겠다

초췌해진 몰골, 가을 타는 소리에 낙엽이 졌다
한 해가 저문다. 십여 일이 남았다

오늘도 나의 시간표는 최악의 조건이 아닌
하나님의 나라가 임하는 최고의 조건임을 나는 믿는다

깔깔깔
잘 웃는다고 붙여진 별명 깔깔이
그래, 나답게 웃으면서 정체성을 찾는 거야

널찍한 달이 보고 웃는다

경로당

사람 그리워 경로당에 간다

밥 한술 끼니꺼리 귀찮아
밥 먹으러 간다

웃을 이유 찾아
행여나 하고 간다

너보다는 내가 낫지
했던 마음 무텨지고

고스톱으로
동전 쌓는 재미만 솔솔

큰소리 작은 소리 조화 이룬
왕년에 한 이름 했던 분들

새마을 운동으로 대한민국을
일구는데 한 몫 한 인물들

늙음은 늙음이 아니다
그들이 있어 대한민국이
반짝반짝 빛나는 것이다

추석

사람을 배척하니 대화가 단절되고
고향 길 막으니 여행길만 인산인해

집 나간 앞집 언니는 명절이라 돌아오고
아래층 기숙사는 불꺼진 지 며칠째
오리무중(五里霧中)

이런저런 일로 명절 끝이라
마음에 걸리는 건

고향 집 부모님들
자식 다칠까 칩거하라 했는데
철없는 새끼들은 마이동풍(馬耳東風)
다른 길로 줄행랑

아이쿠! 코로나 사람 죽인다

코로나 사라지면
양심은 다시 살아나겠지

어머니

5월 8일 카네이션을 샀다
수목장 아래 잠드신 어머니
83세 애끊던 자식 사랑 철없던 새끼
카네이션은 눈물 철든 새끼의 눈물
파란 가슴 붉은 꽃
그리운 어머니

유춘하 시인
서울 출생, 2013년 한국 문인협회 주최 〈민촌 백일장〉 입선, 2015년 계간 《다시올 문학》 신인상 수상, 다시올문학 편집이사
remnant5194@hanmail.net

눈물 사용설명서 외 4편

오 영 록

사용설명서를 잘 읽어야 한다
토시 하나 빼놓지 말고 읽어야 한다
자칫 잘못 읽거나 한두 자 빼먹으면 오작동 우려가 크다
눈물의 오작동은 생명을 위협한다

감정의 분량과 울어야 하는 타이밍이 맞지 않으면 기껏 흘린 눈물이
무용지물이 되기 때문이다
그러므로 언제든 눈물을 흘릴 수 있도록 눈물샘을 열어두어야 한다
그러다 적당한 타이밍에 감로수처럼 찔끔 흘려야 한다

자칫 감정의 분량을 인위적으로 조정하려 들다가는
홍수처럼 쏟아지는 눈물을 감당하지 못하는 경우가 발생할 수도 있다
가능하면 자율신경에 맡기는 것이 좋기는 하지만
효과는 그리 좋지 않다

마른 웃음을 너무 크게 웃다 보면 눈물샘의 오작동을 주의하라는 문구를
항상 명심해야 한다

사랑의 씨앗을 발아시키는 데는 이 방법이 좋다는 문구가 깨알보다 작게 적혀있다.

소쩍새는 동쪽으로 머리를 두고 죽는다지

어둠들이 그림자의 깊이를 재어보고 있다
소쩍새가 울어서 달이 졌다는 쪽과, 달이 졌으므로 소쩍새가 운다는 쪽으로 나뉩니다
결론은 오늘이 그믐밤이라는 사실밖에 아무런 흔적도 없습니다

그 이유로 소쩍새는 밤마다 울어야 하는 형을 받으며 살고 있습니다만,
그 누구도 그 누명을 벗기려 하지 않습니다
소쩍새는 소쩍새일 뿐이라고 하는 이유로
어둠은 어느 작은 쥐구멍에서 싹이 튼다는 사실을 세상이 먼저 알고 있다는 이유입니다

하지만, 쥐구멍에도 볕이 든다는 말이 표석으로 서 있는데
어둠에 가려보지 못하고 기고만장이라는데
모든 이치가 자전과 공전 속이라는데

운다고 새벽이 쉬 오는 것은 아니지만,
그래도 소쩍새는 울어야 하고
소인은 그 소리를 밤새 들어야 하고

나도 오늘 불현듯 동쪽으로 머리를 두고 자 봐야 할 것 같습니다

이유는 모릅니다

그냥 소쩍새가 동쪽으로 머리를 두고 울었고

그 소리를 귀 가까이하고 싶어서입니다.

수평적 시각

많은 사람이 투명하다고 하는데 한 단면만 보이는 눈이 있다
정육면체가 있다
아래위는 불투명하게 돼 있다

위에서 아래를 본다든지
아래에서 위를 보는 순간 아무것도 보이지 않는다
이제 세상은 투명하지 않을 수도 있다는 셈법이 이해되기 시작한다

하지만 위에서 아래를
아래에서 위를 바라볼 때 보인다고 인정하고 싶지 않다
무조건 안 보이는 것이다
대다수의 수평적 앵글에서는 다 보인다
나도 보이고 너도 보이고

보이지 않는 사람들은 서로를 원망하고 미워한다
안 보이니까 당연하다고 서로 목소리를 높인다
아무리 수평적 시각으로 보라고 말해도 그 사람들에겐 수평이 존재하지 않는다
아니 수평이라는 것을 생각하기 싫은 것이다

수직에서는 위도 안 보이고 아래도 안 보이므로 상관과 부하가 존재할 수밖에 없다
바닥으로 보이는 것은 바닥이 아니므로 부하이며
천정으로 보이는 것이 전부가 아니므로 상관으로 보이지 않는다

그러므로 하늘로 보이는 것도 하늘이 아니다
멀리 보이는 수평선과 지평선만이
수평적 관계다.

하이힐의 높이는 무죄

역시 높은 곳은 아슬아슬하다
겨우 10센티 높였을 뿐인데 이렇게 아찔하여 다리까지 후들거리는데
저 높은 곳에 계신 분들 얼마나 아찔할까 생각하다가
거기에 하이힐까지 신었으니

난 겨우 십 센티 높였는데도 세상이 이렇게 달라 보이고
어제까지만 해도 올려다보던 수많은 사람이
갑자기 내려다보여 막말하고 싶은데
오죽하겠는가를 생각하다가

저 높은 곳에서 하이힐까지 신고 늘 내려다봤으니 하고
이해를 하려는데 갑자기
뒤축이 빠졌다
갑자기 낮아진 눈높이에 허둥허둥하는 내 모습
제대로 걸을 수조차 없는 걸음에서

저 하이힐들 왜 그리 하이힐을 벗지 않으려는지
높은 곳에서 내려오지 않으려고 바동바동하는지를 알겠다

어찔어찔한 것쯤
위태위태한 것쯤
종아리 땅기는 것쯤
무릎이 깨질지 모르는 공포쯤 두렵지 않다

10센티만 높아도 세상이 아득히 낮아 보이는데
하물며 저 하이힐에 단상까지라면

기억의 두께

기억은 언제나 살얼음처럼 얇다
기억을 더듬다 보면 금세라도 깨져 풍덩 빠질 것만 같다

기억 속에 빠지면 얼음 속에 갇히는 것과 같은 것이다
아무리 허우적거려도 기억 속에서 절대로 빠져나올 수 없다

얼마 전 돌아가신 형의 기억에 잠시 빠진 적 있다
이슬 길을 걸어 바짓가랑이가 흠씬 젖었던 것처럼
그 기억은 나를 한동안 눅눅하게 만들었다
지금도 가끔 불현듯 질펀질펀하여 보면 그 기억이 발목을 잡곤 했다

세월이 그렇게 많이 흘렀는데도
바짓단을 보면 그 기억에 젖었던 얼룩이 남아있다

어떤 기억은 너무 두꺼워 어쩌다 한번 꺼내 보려 망치로 쳐도 깨지지 않은 기억도 있고
어떤 기억은 두꺼운 것처럼 보여도 살짝만 건드렸을 뿐인데
산산조각 깨져 사라지는 기억도 있다

한번 깨진 기억은 오랜 시간이 흘러야
다시 얼어
그 기억의 강을 건널 수 있었다.

오영록 시인
강원도 횡성 출생, 계간 《다시올문학》 신인상, 《머니투데이》 신춘문예(시 부문), 《대전일보》 신춘문예(동시 부문), 청계천문학상수상, 제6회 청향문학상, 시집 『빗방울들의 수다』 cy3213@hanmail.net

슬픔이 빚어낸 빛깔 외 4편

최 경 선

저토록 도도한 빛깔을 본적 없다 했다

한때는
핏빛처럼 고운
그 꽃잎이 눈부셔
까닭 없이 울었다 했다

애타게
향기로운 척해보고
꿈꾸듯 별을 품어 토해내고
알 수 없는 허허로움에 목메던 시절이었노라고

빛바래고
바래다, 오지게 말라비틀어져 가는
그 모양이 당신 모습 같아
더 섧고도 서럽다 했다

하다
하다, 끝내는
열정(熱情)과 슬픔을 버무린 듯한
저 도도함이 눈물겹지 않으냐며

옹이 박힌 등허리 성스럽게 웅크리며
그녀 고요히 똬리를 튼다

동백꽃 졌다고 슬프다니요

동백꽃 진다고 슬퍼하는 당신 앞에서
피식 웃고 말았습니다

동백꽃 진다고 슬프다니요

바람이 파도를 일으키고
파도가 파도를 키우는 다도해 끝 섬

꽃 진 자리에 달빛 은밀하게 들어앉고
봄볕 환하게 스미는 봄과 여름 사이
은밀하고 환하게 빵이 자라요

곰보빵, 손가락 빵, 구름빵 탐스럽게 부푸는 공갈빵
멘따구* 찌옹도리** 쪼아먹고
나도 따 먹었지요

베어 먹기 전엔 알 수 없어요
시금떨떨하거나 새금 달금해요
열매도 아니고 씨앗도 아닌
동백빵***이에요

거문도에서는 동백꽃 진다고
바람을 탓하지 않아요

동백꽃 졌다고 슬프다니요

* 동박새 수컷
** 동박새 암컷
*** 떡병을 말함 (춘복, 붐북 이라고도 함)

어머니의 낙(樂)

아침나절 안개 가득하다는 고향 소식에
집에 있으라던 당부는 잊었는지
수화기 너머 신호음만 파도처럼 들린다

별일 아니라는 듯 익숙하게 갯가로 스며들었다는 걸
보지 않아도 짐작할 수 있다

스멀스멀 앞섬이 사라지고 하나둘 능선이 지워지면
낮은 집들도 자우룩하게 잇대어지는 거문도

갯가로 나선 길 따라 마음 길이 그렁그렁 보인다

인동초 흐드러진 서당이끼미 지나며
화전놀이 하던 어여뻤던 시절을
걷다 걷다 뻐꾸기 소리 들리면
까슬까슬한 보리 이삭 주웠던 때를

갱번에 닿으면 가마때기 쭉 깔고 멸치를 말리던
풍요로운 한때가 그리워서
사무치게 그리워서 그 길을 걷는다는 걸
말해주지 않아도 알 수 있다

느지막이 돌아오는 길 따라
은하수 흩뿌려진 새하얀 아미초 꽃길 지나
노란원추리 가득한 언덕에 걷다 쉬다 걷다 쉬다
도착했을 거라는 걸 알고도 남는다

해거름에
수화기 닳도록 들었다 놨다며 투정 부리니
출렁이는 목소리로 안개 다 걷혔다며
이 빠진 웃음 사이 고동과 보말 따고
가쁜 숨 내쉬며 거북손과 담치 캔 이야기
수만 겹 파도 소리 들려주며

그거라도 해 보내야 낙(樂)이재 하신다

붉은 저녁

무지갯빛 물살 가르며 다다른 고향

돌담길 따라 걷다 보면
바랜 문 열고 기다리고 계실 것 같은 아버지

넉넉한 마음으로 호령하던 그 바닷가

여름밤 선창가에
가마니와 돗자리에 누운 사람 없고
멸막에 올라선 폐선 위엔 풀이 자라고
꼴뚜기 오징어 나눠주던 인정도
펄럭이던 만선 깃발도 보이지 않네요

파도에 조약돌
끝없이 구르던 곳에
차 달리는 해안도로가 생겼고
바다 위에 놓인 연도교로
섬은 둥글게 하나로 이어졌습니다

먼바다 드나드는 녹문은
여전히 깊고 짙푸르기만 한데
마음결을 아는지
아프게 출렁이다가
빈 소라에 채워지는 바람소리 아득합니다

신명 날때면 어김없이 막내딸 없고
귀하고 귀하게 자라라며 엉덩이 토닥이던 아버지

당신 앉으셨던 해변 어귀에 서서
빨갛게 물드는 저녁입니다

물수국

하루에 네 차례씩 투석 줄 매달고
앞으로 뒤로 몸을 흔들어야 했던 아버지는
뱃길 꽁무니 따라 몽글몽글 하얗게 이는 물수국 같았다

그랬다

몸속 수액을
비우고 채우기 위해
물결 일렁이듯 출렁거리고
몸 흔들다가
야윈 아버지 바스러지고 말 것 같던
시린 오후

어느 곳에도 초점을 맞추지 못하던
그 공허한 눈빛 떠올라 애써 눈길 돌려도
자꾸만 물수국 피어나는

최경선 시인
여수시 거문도 출생, 2004년 《문예사조》 신인상 수상,
시집 『어찌 이리 푸르른가』(2007) 『그 섬을 떠나왔다』(2020),
cksun1008@hanmail.net

시치미 외 3편

박 병 원

먹구름 몰아내고
파란 속내 드러낸 저 하늘
내게 묻는다
“언제 장마였었냐”고

반백일, 그 긴 물난리
앗아간 목숨
할퀴고 간 삶의 터전
우린 어찌하라고 저렇게
염장 질러 대며 시치미를 떼고 있을까?

하긴,
해 맑은 푸른 저 얼굴
반갑고 고맙기
이를 데 없긴 하지만

북극광 사냥

어두워야 출몰하는 북극광
도심의 밤, 인공광을 피해
멀리 외곽으로 빠져나간
한적한 아이슬란드 해변

설원과 유빙을 굽어보는 밤하늘
춤판 펼치는 선녀들의 날개옷
초록, 분홍, 보라의 현란한 춤사위
봉화처럼 치솟기도 하고
호(弧)와 띠로 변신하는 빛 무늬들

새벽 여신의 가슴 벅찬 황홀경
낯선 행성에 온 것처럼
우주를 거침없이 헤엄치는 나
조준선을 정렬하고 방아쇠를 당기듯
셔터 누르는 손, 긴장의 끈 조인다

보름 동안 세 차례나
프레임 안에 담은 값진 사냥감들
지구 저편까지 찾아가서
허탕만 치는 이들에 비하면
난, 운 좋은 사냥꾼

밤하늘 누비며 나래 펴는 빛의 향연
흥분 잠재우지 못하는 내 카메라
이리 뛰고 저리 뛰게 홀려
춤판으로 끌어들인다.

여백을 남기다
- 추사의 '세한도'에 부쳐

송곳처럼 가슴을 찔러대던
탱자나무 가시 울타리
힘센 붓질로 날려버렸다
얼마나 고독의 형벌이 길었으면
흔적도 없이 눈밭으로 묻어버렸을까?

한 채의 집과 고목 몇 그루가 고작인
절제와 간결의 붓놀림
주위가 텅 빈 것 같지만
반달도 마음의 눈으론 온달이듯
보는 이의 마음 붓이 나래를 펼칠 무대

화려함도 없고 원근법도 맞지 않는,
있는 그대로를 베껴낸 것도 아닌,
회화의 기교를 뛰어넘어
제주도 유배 그 고뇌에 찬 속내를
오롯이 담아낸 지조 높은 뜻 그림

몸은 비록 시리고 얼어붙었지만
하늘로 치솟는 올곧은 기개
고목이 어찌 저리도 꼿꼿할까?

떨고 선 송백(松柏), 푸른 빛을 토한다
선비의 몸속, 피돌기가 더욱 푸르다

거칠고 마른 붓질
진했다 여렸다 하는 먹빛
주변을 비워 둔 여백의 아름다움
높았다 낮아지고 길었다가 짧아지며
꼬리를 잇는 바람 소리 새소리

이젠 내 화폭에 이것저것 마구 담는
선을 넘는 욕심 줄여야겠다
세한도! 그것은 문인화의 본(本)
떠오르는 시상 먹빛에 담고
보는 이의 몫,
여백만은 남겨둘 일이다.

자기는 정직하다고

한잔하자는 말로 시작된 술자리
결코, 한 잔으로 끝나지는 않지
주고받다 보면, 잔 수도 차(次) 수도
길게 꼬리를 잇게 마련

"한잔하자" 라는 말은
서로 부담 주지 않겠다는
애교 섞인 말이긴 하나
알고 보면 새까만 거짓말

모임에 초대되어 웃음꽃 피워주고
마시면 취하게 하는 것이
제 몫이라고 우쭐대는 술
자기는 거짓말을 하지 않는다고

거짓말의 도가 정도 끝인 애주가에겐
시상(詩想)까지 피어오르게 하지만
술덤벙물덤벙도 넘은 주정뱅이는
집어삼킬 수밖에 없다고 얼음장까지

지친 삶에 생기 불어넣다가도
제 비위 거스르기만 하면
그 기(氣), 송두리째 앗아가겠다는 술
하지만, 자기는 정직하다고

박병원 시인

경북 울진 출생, 연세대학교 경영대학원 경제학과 졸업, 새마을운동 중앙연수원 교수 · 원장 역임, 2014년 《다시올문학》 신인상, 다시올 문학회 회원, 전망동인, 대한민국문인화대전 초대작가, 2019 다시올 문학상 수상, 시집 『카메라도 눈이 멀어』 bwp518@hanmail.net

두물머리 외 4편

김 경 철

남녘 바람 타고 올라와
두물머리 다다랐을 때
쌀쌀한 찬바람이 불었다.

강물이 녹고
봄바람이 코끝을 스칠 때
비둘기호 타고 두물머리 이르면
원앙 한 쌍 유유히 물살을 가른다.

무대 위에 자욱이 피어나는
선녀들의 하늘거리는 춤사위
제주도 비바리 처녀가 처음 봤다는
물안개가 춤을 추었다.

축구 잘하는 활달한 제자를 오토바이에 태워
저 강물에 흘려보내고
그 처녀도 중년을 넘었고
비둘기호도 달리지 않는다.

저문 강엔
한 마리 새
지는 노을 속에 나래 접는다.

서귀포

노을 진 모슬포항
붉게 날이 저물면
저 멀리 희미하게 누워있는 마라도
처얼썩 처얼썩 파도에 잠긴다

태풍 마이삭으로 뒤집어지는 바다
거센 비바람에 야자수 가로놓이고
밤새 창밖은 쉬이 쉬이 거친 울음 토해낸다

그대 마지막 가시는 길
서귀포 앞바다
아침 맑은 햇살이
지난 밤의 역사를 다시 쓴다

딱새

목련꽃이 하얗게 안산을 밝히는 날
옥상으로 가는데
노오란 깃을 가진 새 한 마리
불규칙한 궤도를 황망히 그리며
다급한 소리도 짓는다.
문을 열어 두고 먼저 자리를 뜬다.

봄비가 내리고 안산도 푸르러 가는데
또 다른 녀석과 종종 마주하고는 문을 열어 둔다.

왜 자꾸 들어올까?
세워 놓은 목단 그림 액자 뒤를 살피니
빈 책꽂이 3단에 둥지를 틀었다.

며칠 지나 가만히 둥지를 찾았는데
어미 새가 눈만 굴리며
사진을 찍어도 날아가지 않는다.

새끼 새 다섯 마리
감긴 눈, 노오란 입이 하늘로 벌린다.

먹이를 물고와
난간, 빨랫줄, 평상에 잠시 앉았다
미사일 비행으로 아기 새에게 가기를 보름여
둥지에서 내려와
바닥에서 하룻밤을 지내고
난간을 딛고 날아올라 간다.

고향

하얀, 파란 구름옷 입고
남쪽 하늘을 난다

꼴망태 옆에 두고
논둑 개울
줄지어 헤엄치는 붕어 떼
한참을 해찰하는데
어느새 노을은 망태기 한가득이다

재 너머 산길
어린 꿩들 총총히 지나고
고구마밭가 들국화 한들거릴 때
일손을 멈추고
지그시 풍경을 바라보라던
아버지는
석양빛을 건너셨지

실기죽
팽나무에 달이 걸리고
간첩 놀이하며 놀던

덕이, 순이도
부엉이 울음 따라
구만리 강물을 건넜을

아득히 사라진 초가지붕
대숲에 이는 바람 소리만이
그 그림자 깊구나

詩, 날다

저 멀리
교회 종소리
새벽하늘에 은은하다

물결 지고 얼룩진 세간일
모든 소란을 잠재우듯
그 사랑 온 누리에 충만하여라

옥당 황국화보다 예쁜 케이크
은퇴 기념으로 문 앞에 놓인다
흰머리 성성하도록
매일같이 詩를 읊는 임

따뜻한 국밥 한 그릇
올리지 못하고
내 조용한 안부는
그저
졸시로 흩어지는데…

김경철 시인
전남 담양 출생, 목포대학 국어국문학과 졸, 경희대학원 국어국문학과 졸. 2019년 계간 《다시올문학》 신인상, 전) 고양시 발산중학교 교장. rree21@korea.kr

바람이 도와주면 쉬운데 외 4편

송 동 현

기록은 기억을
지우지만 어떻게든 잡고 싶다
시간-도

영원이라는 말
운악산 마루에 잡아두고 싶다
한-알 한-알

남아 있는 알곡도
날리는 먼지를 따르고 싶다
침묵-도

여름 심기

바람 신나게 달리다 길을 잃었다
산허리에 멈춰 쾅쾅 울어댄다
계곡도 맞은소리 컬컬 컬컬

밥비와 맞바라기하며 밭으로 간다
구름발치 바라보듯 웃비 걷히니
여름 심기하며 가을을 준비한다

가을하게나

환한 웃음이 따듯하다
하하하 시원하다

웃음 가을처럼
가슴으로 들어온다

기분 좋은 서늘바람
더 붉게 빙그레하다

불바람

너무 쉽게
휴지마냥 후르르 풀리는
검은 바람 후르르 빠지는 들녘
말라가는 낙엽 촉촉 젖게
비 내리는 늦은 밤
더 붉을 내일
운악산

협상

운악산 마루 뒤
돌아 뜨는 해
땅도 몸을 움추린다

화내지 말고
다독이고 안아주고
좋은 말 하고

그래야만 하는 줄
알았던 것 하나둘
지워 간다

송동현 시인
본명 송계원. 2001년 시집 『꿈을 펼쳐!』로 작품활동 시작. 계간 《다시올문학》 편집장, 맥놀이창작동인회, 사랑방시낭송회 회원, 도담도담 한옥도서관 시창작교실 강사, 북디자이너, 도서출판 담장너머 대표. 시집 『꿈을 펼쳐!』, 『사랑水』 jinu514@hanmail.net

3부

냄새의 무게

전영란 김진수 조남분

최창순 한 경 김필례

양소연 권용해 이유호

안갑선 김영은

감칠맛을 흉내 내다 외 4편

전영란

고향 앞바다에서
조개 캐던 어머니가 담근 깻잎 김치
잘 삭힌 조개젓에 버무려
택배로 보내주셨다

지금은 안 계신 어머니가 그리워
짭조름한 기억을 더듬는다
감칠맛을 흉내 내고 싶어
바다 향이 가득한
해남산 조개젓을 산다

들판의 향이 스며있는
깻잎 한 소쿠리 따오고
붉은 고추 양파 생강 마늘 정성껏 갈아
고향을 향한 그리움 한 움큼과
바닷물 성분의 짠 눈물로 맛있게 양념을 한다

어머니 냄새가 밀려오고
살가운 고향 바람이 불어온다

완성된 깻잎 김치
어머니 맛 그대로다

냄새의 무게

지하철 문이 열리고
사내가 들어와 쭈뼛거리며 자리를 찾는다
풀어놓은 냄새에 코를 막는 사람들
힐끔힐끔 옆 칸으로 빠져나가고
만취한 사람처럼 비틀거리며 앉는 사내
양옆을 다 몰아낸 채
신문지 몇 장의 잠을 눈꺼풀에 매단다
앞 코가 떨어져 나가 발가락이 보이는 신발
툭 튀어나온 엄지발가락이 새까맣다
웅크린 몸을 뒤척일 때마다
사방을 휘젓고 다니는 냄새
으슥한 길을 돌며 처참하게 무너진
서울역 지하도의 겨울이 꿈에서도 춥다는 듯
표정이 일그러진다
사람들이 몇 번 타고 내리는 동안
큰 대자로 널브러진 잠
지하철 긴 좌석을 마음대로 차지하고서
미동도 하지 않더니
순간 몸을 일으켜 자리를 뜬다
무겁게 남아있는 노숙의 냄새
머물다간 흔적이
천근의 무게로 내려앉는다

애국세

주차위반 3만 2천 원 날아왔다

속도위반 4만 원 날아왔다

'그까짓 거' 하는 사람

가슴이 졸아드는 사람

세상 사람들 다 그렇게 산다는 사람

나 하나만이라도 교과서로 살고 싶다는 사람

두 사람이 산다

하늘에서 보면

모두 다 불법 인생이다

나라 살림에

보탬이 되었으면 좋겠다

우리 집에는

애국자가 둘씩이나 산다

홀로 하는 공부

이런저런 이유로 카페 다녀온 날
내 잠은
머그잔에 넘실거리던 커피에 빼앗긴다

오후 2시까지 정해진 커피타임과
두 잔이라는 철칙도 지켰는데
처음 가는 카페 아메리카노는
언제 그랬냐는 듯 잠을 뺏어간다

그 농도를 알 수 없어
번번이 당하는 커피
카페마다 원산지가 다르다

한 시간쯤 뒤척이다가
두세 시간 책을 펴놓고 협상해 보다가
다시 한 시간 간절히 청한 후에
몸값 치솟은 잠을 만난다

같은 말을 들어도 상대에 따라 다르듯
예상을 못 해 부딪치는 수많은 일상
빼앗긴 잠 속에서 답을 찾는다

커피든 인간관계든
평소에 길을 잘 들여야
휘둘리지 않고 살 수 있겠다는 생각이
잠과 함께 스르르 몰려오는 시간
드디어 공부가 끝난다

락앤락
-자서전

흐트러지는 건 싫어요
정확한 걸 좋아하는 네모랍니다
풍선처럼 부풀려서 집어넣지 마시고
똑딱 소리 정직하게 채워주세요

꼭 닫으면 감옥 같지만
가두고 싶은 마음은 조금도 없어요
밝은 눈으로 들여다봐도
몸은 물론 마음까지 투명하답니다

나에게 왔던 것들은 냄새를 남겨요
지우려 애를 써도
수세미와 신제품 세제를 동원해도
사라지지 않는답니다
물증은 없지만 심증은 분명해
기억력도 좋습니다

함부로 던지거나
인정머리 없이 취급하지 마세요
금이 가면 깨지는 거나 마찬가지여서
한 번 망가지면 되돌리기 어렵답니다

남아있는 것은 빨리 버리고
새로운 반찬으로 채우고 싶어요
몸속에 품고
신선하게 보관하려는 소망이 있습니다

전영란 시인
전남 해남 출생, 2011년 《창조문학》 시 부문 등단, 2012년 방송대 국어국문학과 졸업, 광명문인협회 감사, 전망 동인, 들소리문학상, 동서문학상, 이동주문학상, 청향문학상 수상. 시집 『바람소리』 외 2권, 산문집 『사랑을 묻길래』 chyr8901@hanmail.net

급체하다 외 4편
-캐리어

김 진 수

낮빛이 하얗다 못해 푸르다
멀미한 것일까?
아침에 먹은 음식 탓일까?
매달려 있는 이름표는 제 일이 아니란 듯 딴전이라
묻어있는 모래알로 짐작하건대
누군가의 삶이 되었을 여정이
꽃길이 아니었음을 짐작할 수 있을 뿐 겉으로 드러나는 것은 없다
반드시 누이고
배를 가르니 시큼한 냄새가 한달음에 안긴다
내용물을 끄집어낸다
몇몇 옷가지들이 뱉어내는 갯내가 비릿하게 살이 올랐다
비닐봉지에 욱여넣은 땀에 젖은 작업복 한 벌
급히 배에 올랐음을 알 수 있는,
옷가지 밑에 놓여있는 시집 두 권과 시작 노트 한 권
백석과 기형도
시간은 달라도 나름 불꽃으로 타다 요절한
두 천재
얼굴을 맞대고 무슨 이야기를 나누었는지
서로를 향하여 오른손 엄지를 치켜세운다
시집을 펼치니 군데군데 하얗다
시작 노트, 흠모한 두 천재의 시가 몇몇 그대로 옮겨와 있다

간간이 적은 습작은 습작일 뿐 시가 되지 못했다
남은 것을 탈탈 털어내니 자질구레한 것들로 한 움큼이다
언제 삼켰는지 모를 붉은 몽돌 몇 알
말라 빛을 잃었고
가끔 평범하지 않은 발칸의 불빛과 울음에
한껏 웅크렸던 두려움과 눈알 빨개진 불면이 길게 숨을 돌린다
낯빛이 붉어졌다
언제 그랬냐는 듯 털고 일어나 갈 길 가자는 눈빛이다
스스로 걷지 못하는 생은 안다
끌면 끄는 대로 따라가야 한다는 것을
끌려가는 발자국이 휘었다

돌확 속에 하늘이

극락보전 오르는
본전 앞마당 벚나무 꽃그늘 밑
연꽃 두 송이, 위아래로 곁을 맞대고 피었다
석벽에 꽂힌 대롱 타고 나오는 물 받아
새 물 품고 헌 물 밀어낸다
모양새로 보아
일란성 쌍둥이였음이 자명하다
내력을 캐지 않아도
하나는 자린고비로 굶어 죽었을 거고
하나는 제 배 속만 채우다 제풀에 꺾이었을 터
그러니 저렇게
절 마당에 쪼그리고 앉아
넘치도록 채워 마음껏 퍼마시라 보시하는 걸 게다
두어 모금 머금은 곤줄박이
절 마당으로 꽃구경 가고
꽃잎 배 타고 뱃놀이하던 바람 기지개 켜니
흐드러졌던 꽃잎 수면에 내려앉는다
살래살래 밀어내며 한 바가지 퍼마시니
목줄 타고 내려가는 명징한 말씀
지니고 온 제 그릇만큼만 채워라
담배씨보다 작은 가슴에
드넓은 하늘까지 품었거늘,

그 속에 내가 있거늘,
두 손 모으고
어두워지는 하늘에 연등 하나 밝힌다

맨도롱 또? 해사 살아집주' *

1
거 좀 좀좀허여

한날한시라
진설이 끝나자 지나던 바람이 기미를 한다
그 날 꺾이었거나 꺾은,
지금은 살아 있는 꽃이 아닐지도 모르는 꽃들
다 불러내 병풍 앞에 앉힌다

개개인의 신위는 못 썼습니다
이 술,
이 절 받고

'이어도사나! 이어도사나!'

2

불이 낸다
생솔 타는 연기로 자욱한
흩어진 제사상 그 너머 몸을 뒤집는,
신위 태우는 불꽃에 칼을 가는
미친 바람의 핏물 배어나는 살기 속
죽음으로 지켜낸
지슬**, 총소리 그쳐도
끝나지 않고 이어지는
숫접은 섬사람들 바람처럼
하늘은 여전히 푸르고
나비 되어 청산가는 무동 댁 깨우는 생이의 울음
그 옹골참에 놀라
눈을 뜬 큰넓궤
타다 남은 고추 싹을 틔우고
하얀 감자꽃 피고

*세상살이도 봄같이 따뜻해야 살아진다는 뜻의 제주도 말
**감자의 제주도 방언

바람이 없어도 돌아야 하는 바람개비

몇 번을 더 덖어야 탁한 울음 버리고 맑은 웃음 우려낼까? 제 가슴 치며 울다 찌그러져 홀로된 여정을 털어놓는 탬버린, 밤을 하얗게 밝혀야 안식에 드는 도우미라는 주홍 글씨로 사는 그녀, 둘은 닮은꼴이다.

노래방은 방편일 뿐 답은 아니었다. 돈 아닌 듯 호기롭게 혹은 치사스럽게 꽂아주는 지전 몇 장. 그 게 답인 양 마시고 부르고 두드린, 불규칙적으로 돋는 소름을 손가락으로 다독인다. 동그라미에 사로잡힌 허공, 주행선을 벗어난 박자가 겅중거리고, 혀 꼬인 가락이 급브레이크를 밟는다. 혓바닥 밑에서 부화한 소문은 소문을 낳고, 꼬리를 잘라내지 못한 가면을 쓴 무당벌레. 메슥거리는 속 쏟아내면 선명해질까 끌어올렸는데 더 탁하다. 은근짜로 귓속을 헤집는 유혹 속

엇박자인 아버지 기침소리 박자를 놓치고 등록금 고지서가 불협화음이다.

후회가 같은 방향으로 돌고 돈다. 한 발만 내디디면 끝이다 싶은, 늘 벼랑 끝이었다. 내일이 있다는 자위(自慰)는 처음 바람을 맞을 때 가능할 뿐 바람에 취하면 바람개비는 바람이 없어도 돌아야 한다.

탬버린이 소리 내는 것과 바람개비가 도는 것은 가슴이 없기 때문이다. 문자 받을 때마다 벽을 쌓지만 다짐은 다짐일 뿐 작은 바람에도 흔들리는 스물셋, 이 꽃 꺾어줄 바람 어디 없나요?

가을밤

복계산 골, 골
바람 들어 빨갛게 절었다
파랗던 젊은 혈기들
어쩔 줄 몰라
아랫도리 움켜쥐고 끙끙거리다 누렇게 떴다
헤벌어진 억새꽃
귀밑머리 살랑거리는 등성이마다
오르내리는 콧소리에
상수리나무 오리나무
사그락사그락 옷을 벗는다
일손 모자라 손도 못 댄
산비알 콩밭
게슴츠레 눈뜨고
벗은 몸 훔쳐보던 콩꼬투리
더는 못 참겠는지
여기저기서
탕 탕 땅 연발로 쏘아댄다
유탄에 뚫린 허공
무서리 흘린다
하얗게
하얗게

김진수 시인
2016년 계간지 《시와 세계》 신인상, 시와 그리움이 있는 마을 동인, 《매일신문》 '시니어문학상' 시 부문 당선(2019), 시집 『설핏』 『꿈아닌 꿈』 geobo52@hanmail.net

백운호수 외 4편

조남분

우리 동네
꽁꽁 얼어붙은 호수에
하얀 눈으로 느릿느릿 지은 쌀밥과
활강하며 뭉친 백설기가 수북하다

그물로 지은 나물죽으로 허기를 달래던 어머니
뱃속에서 한 생명 뚝 떨어져 백일을 살아 주면
젖줄 먹고 자란 숨겨 놨던 쌀 뭉치 덩달아 바빠진다

절구 소리가 온 동네 들썩이고
곳간 한쪽에서 잠자고 있던 질 시루는
어머니를 닮은 가마솥 위에 앉는다

넉넉히 부은 어머니 인심이 바람에 실려
아무 데나 부려놓은 김이 모락모락 피어오르면
떡 익는 냄새는 호수 바람을 따라
힘찬 아기 울음소리와 함께 동네에 배달 된다

도시화가 된 오늘날은
눈으로만 받아 먹는다

끈 떨어진 자식

열여덟 살의 뜨거운 血氣
썰물처럼 어디로 쓸려가고 싶었을까
이름 모를 행성의 궤도를 돌다
터키와 시리아 접경지에서 실종됐다

is 대원이라며
is 깃발의 그림을 걸어두고
is 같은 포즈를 취하고 있던 그는
터키의 국경을 넘어 시리아로 이동했는지는
아무도 빠져나가는 소리를 듣지 못하고
다만 저녁 뉴스에서만 들을 수 있었다

평범하게 사는 것이 싫었고
페미니즘을 이해 못 했고
옳은 정의를 왜곡한 채
돌이 박힌 상처를 끌어안았다
떠도는 그림자였다
검은 비에 젖어 날지도 못하고
국경을 넘어 너머 맥없이 추락했다
뜨거운 심장 속에 얼어붙은 불덩이가
끓고 있는 줄 가족도 눈치 못한 채
형체 없이 떠돌던 구름과 깡통은

어둠 속을 헤쳐 나오지 못하고
차가운 불꽃으로 흔적없이 사라졌다.

이가 시리고 뼈가 저리는 한겨울
내 몸에서 찬바람이 샌다

매미

뜨거운 열기 뿜어대던 어느 날
청춘을 여름에 빼앗기고
녹색 짙어가는 그늘에 날개 감추고
가쁜 숨 들먹이며 며칠을 울다 간 그녀
소식 궁금해하는 지인에겐
날마다 산속 계곡물에 눈물 편지 쓰고
나무가 옷을 일곱 번 갈아입을 동안
고개조차 들지 않았다고

몹시 가물어 산속 계곡물도 마르고
눈물 편지 쓸 수 없어 고개를 드니
눈부신 햇살에 눈도 뜰 수가 없어
누굴 찾는지 목청 터지라 울어대는

얼마 남지 않은 시간
짝을 기다리는 처절한 울부짖음처럼
누군가도 나를 애타게 기다리고는 있을까

뜨거운 지난여름을 되찾게 해 준 매미
오늘은 아파트 베란다 방충망에 찾아와
그날을 잊지 말라고 노래 부른다

산철쭉

수줍은 물소리의 콧노래가 끊이지 않는 뜰
사방에서 웃음 터지는 소리 그득하다

25년 전
집에서 멀지 않은 앞산에 놀러 갔다가
활짝 웃으며 반겨 주는 모습에 반해 버린 날
그날로 그를 데려다 뜰 앞에 앉혀 놓았다

겨울 그림자 숨기고
웃을 듯 말 듯 한 모습에
가슴 한쪽에서 잠자던 냉기 기지개를 켜고
그가 활짝 웃는 날
내 심장은 팝콘 되고
연분홍 이불 속에서 축제가 무르익을 때면
그와 난 절정이다

나를 위해 그 자리에 서서
일 년에 한 번 크게 웃어 주는 게 고작이지만
일 년은 하루 같다
내년을 기다리는 즐거움이다

역할극 놀이

젊어서 배에 지방이 빠지도록 일한 남자
오십 중반에 일손 놓고 역할극 주인공이 되었다

따뜻한 아침밥을 출근시키고
머리 풀어 놓고 나간 집 안을 청소한다
밖에서 묻혀 들여온 피로를 세탁기에 돌리고
마트 몇 곳을 지나 재래시장까지 가서
몇 바퀴씩 돌아 가족의 건강을 사 온다

하루를 잘게 쪼개어 놀아 달라고 보채는
구순 넘긴 아기를 간신히 달래고
산에 가는 것이 오로지 취미인 그 남자
나뭇잎 밟으며 그 속 찌꺼기를 묻는다

새벽에 나가 늦은 밤 들어오는 아침밥
우리 집에 노는 남자 있어요
집에서 놀기만 한다고 핀잔하던
남편에게 복수하고 있다

조남분 시인
경기도 안양 출생, 계간 《다시올문학》 신인상 당선, 동안문학회 회원,
동인시집 『눈물의 연대기』 외, cho98778331@hanmail.net

노모(老母) 외 2편

최 창 순

오목골 입구 작은 집 한 채

두 아들 먼저 저승 보내놓고
늘 가슴속에 촛불 하나 켜고
살아가는 노모 한 분 살고 있다

가랑잎 같은 몸으로
시도 때도 없이
기도하는 할머니

오늘도 먼 산 응시하며
자식 생각에 주름살 한결 깊다

하늘에서 그 모습 지켜보던
저승사자도 마음 아린지

희미한 등불 하나
가슴에 매답니다

정 쌓기

작년 가을 김장 배추를 뽑은 밭에
마늘을 심었다

이른 봄 농장을 찾았다
싸늘한 날씨에도 마늘이
실눈을 뜨고 나를 반긴다

병아리 일곱 마리도 사와
닭장에 풀어주니 넉넉한
시골 집이 되어 정겹다

보름 만에 다시 찾아간 농장
마늘잎은 누렇게 병들고
훌쩍 자란 닭들은 주인을 몰라본다

허기진 밭에 거름을 주고
닭에게도 정을 듬뿍 주었다

그제야 생기가 되살아난 가을
한 폭의 풍경화가 되었다

가뭄

메마른 논
쩌억쩍 울고 있다

배가 갈라지고 창자가 타
몸살을 앓는다

올챙이 개구리울음도
이미 사라졌다

강가에 즐비하던 억새는
억세게 하늘을 붙들고 있지만
구름 한 점 없다

물속에서 많은 생명을 보듬던
크고 작은 돌마저 이마가 드러나고
송사리 피라미도 씨가 말랐다

한줄기 실개천을 붙잡고
왜가리 백로들만 서성거린다

최창순 시인
강원도 출생. 2009년 계간 《다시올문학》 신인상. 양평 글샘문학회장 역임. 제2회 다시올문학상 수상. 시집 『아내와 그네』
chsunch@hanmail.net

초배강의 석양 외 4편

한 경

한 무리의 코끼리 떼가 점령한 초배 섬에
금단의 꽃으로 펄럭이는 보츠와나 국기

분간도 가지 않는 늪지에
천만년을 살듯
국기를 꽂는 사람들

치열하게 살아낸 야생의 하루
이세 뜨겁고 강렬한 눈빛을 접고
수줍고 순한 눈으로
강을 온통 분홍빛으로 물들이는 저녁

내일의 생존을 기약할 수 없는 어둠이 밀려오는데

풀숲 강가에
발정기를 맞은 임팔라 두 마리가 팽팽하게 뿔을 맞대고
혈투를 한다
죽음도 두려워하지 않는 생식의 욕망

찬란한 빛을 내려놓으며
나는 무채색 검은 옷을 입고
오늘 밤 떠나갈 생명을 위해
숨죽이며 기도하네

*초배 섬: 아프리카 보츠와나와 나미비아의 국경에 있는 습지로 분쟁이 잦아 어느 날은 보츠와나 국기가 어느 날은 나미비아 국기가 꽂힌다고 한다.

숨은그림찾기

여우를 찾고 늑대도 찾았다
느티나무에 숨겨 놓은
신데렐라의 유리구두 한 짝도 어렵게 찾았다
별을 헤는 어린 왕자의 바오밥나무와
모자처럼 생긴 보아뱀이 삼킨
코끼리도 물론 찾았지
하나하나를 찾아낼 때의 기쁨도 잠시
점점 어려운 그림 속 세상
뱀의 긴 혀와 메말라 떨어진 꽃잎 몇 장뿐인 장미는
흐른 시간을 줍는 것만큼 어려웠다

지금은
아무것도 숨어있지 않은 빈 바구니
그것은 난해한 그림이었다
내 마음을 그리라고 하는 것만큼

아무리 생각해도 알 수 없는 텅 빈 바구니
이럴 리는 없는데 함정에 빠진 기분
한참이 지나서야 석양에 어렴풋이 보이기 시작했다
햇볕과 그늘
가둘 수 없는 바람
그 바람이 몰고 다니는 비가 살다 떠나갔음을

그러나 끝내 찾지 못한 사막의 낙타
잠 못 드는 밤이면 바람결에 묻어나는
낙타의 고독한 울음소리

겨울 강

작은 미풍에도
몸을 흔들며 삶의 무늬를 그리던 강물
입을 꼭 다문 채
띠를 둘러 상처를 감싸고 있다

무수히 흘러간 인연은
바다에 잘 도착해 있는지 기별이 없다

햇살이 눈발을 비집지 못하고
그늘진 저녁 수묵화로 드리운 한낮
겨우
배꼽만 남은 숨골로 침묵하는
겨울이 흐르고 있다

세찬 눈바람이
실눈을 뜨고
맨발로 강을 건너가고 있다.

아바나 뒷골목의 풍경

시간이 멈춘 좁은 골목길
반쯤 떨어져 덜컹이는 나무 대문
무너져 내린 붉은 벽이
속살 드러낸 채 졸고 있다

깨진 유리창에 덧댄 비닐
배를 불뚝이며
숨 가쁘게 몰아쉬는 창으로
얼비치는 사람의 그림자

빈티지한 잡지 화보 같은
거리 모퉁이
몽환적 무성영화 한 장면
부둥켜안은 남루한 젊은 연인의 목마른 키스

철조망 밖
낡은 지붕을 미끄러져 내려온
한 움큼의 봄볕에 기대
뜨겁게 타오르는 살아 있음의 몸짓
크림트의 키스보다 애절하다

* 쿠바의 수도로 고색창연한 건축물들이 즐비한 구시가지 거리이다. 59년 이래 문호가 막힌 공산국가로 러시아의 원조가 끊긴 91년 이후 어려운 경제 사정으로 대부분의 사람들이 가난하게 산다.

남대천의 시월

한 생애를 바다에 떠돌다
목숨 바쳐 가는 길

거센 물결에
해져 너덜거리는 살점들

치열한 귀향행렬
푸득거리는 힘찬 장송곡
품어준 어미 아비 체취를 찾아
돌아오는 연어들

남대천 물속보다 더 비릿한 세상

죽은 지 반년이 지나 발견된
어느 노인의 고독사
노인의 남대천은 어디인가

끊임없이 물살을 거슬러 오르는
남대천의 시월은 장엄하다

한경 시인
시인. 수필가. 시집 『투루판』 『사막의 낙타』 『탐보마차이 잉카남자의 눈빛』, 수필집 『숲속의 물고기 』 제 3회 산림문학상 수상(수필), 제 21회 서울 문예상 수상(시). fullky@naver.com

취업고시생 외 2편

김 필 례

앙다문 입술
옹골진 몸뚱이 한껏 깃을 벼리고
분가 한 솔 씨
어쩌다 발을 잘못 디뎌 옥탑에 내려앉았다
이리 굴러도 보고 저리 굴러도 보지만
내려갈 수 없는 처지
옥탑방엔 한기가 제집인 양 머물고
기댈 데 없는 홀 홀 단신
높고 높은 빌딩의 그늘에서
제자리 찾지 못해 헤맨다
터전을 잡고 소나무로 자랄 수 있는
날은 언제쯤일까
오늘도
흙으로 돌아갈 수 없어
떠돌고 있다

늦가을

햇빛을
만지작거리는 할머니가
호박고지, 무말랭이, 시래기를 뒤적인다
짧아진 노란 실타래 단단히 거머쥐고
촘촘히 햇볕 실로 그물코를 짠다
이리 뒤 척, 저리 뒤 척
한 코도 놓치지 않은 손길
멀쩡하던 녀석들 말랑말랑하더니
어느 사이 멍석 위에서
갈무리

김치

결이 바른
텃밭에 배추
노란 속웃음이 가득하다
매운 고추 맛
무의 시원 달콤한 맛
곰삭은 젓갈의 짠맛을
버무려
갈피갈피 정성의 양념
자분한 손맛
궁극의
희-로-애-락
수필 한 편이
완성된다

김필례 시인
1956년 전북 부안출생, 2005년《문예춘추》 수필등단
2020년 계간 《다시올문학》시 등단, kpl815@hanmail.net

콜로레 외 2편

양소연

옷장을 연다 무채색 일색이다 더는 사지 말아야지 했던 검정색들 마음이 편해진다고 또 사들인 회색들 무표정하고 근엄한 것들의 표정에 먼지가 앉아있다

뒷걸음 친 핑크와 블루의 추억이 있다 옷장 문에 걸린 저 머플러 한 장이 무료하고 덤덤한 이야기를 꽃처럼 만들어 줄까 반짝이고 하늘하늘한 것들이 어디 남아있을까

검정색이거나 회색을 원했던 건 아니야
고택에 우거진 개망초를 좋아하지
샤갈의 영혼의 정원*에 핀 '큰 빨간 부케*' 도 좋아하지

다시 콜로레를 선택할 수 있을까 나는

거침없는 선과 낯선 색들로 물들여 볼까 퇴근길 보풀보풀 수크령의 털로 얼굴을 간질여 볼까 붉은 숫잔대를 주름진 목에 둘러볼까

밥을 먹고 또 일을 하겠지 걱정거리로 풀이 죽겠지 근심어린 얼굴로 저녁 뉴스를 듣겠지 무채색의 정장에 색 짙은 머플러를 두르고 고단한 이야기로 가득 찬 일간지 속

오늘은, 오색 채송화 같은 시를 한 편 써야겠어

*2018년 마르크 샤갈의 특별전
*샤갈의 작품

숙냉(熟冷)

밤 12시, 귀신이 오는 시간

할아버지는 문턱을 점잖게 넘어오신다
떡이랑 전이랑 맛있게 드시고 숙랭을 찾으신다
바닥이 내비치는 맹물 한 사발에
티끌 하나 없는 흰쌀밥 한 숟가락 말아 드시고
절 한 번 더 받으시고는
회오리바람으로 대문을 나가신다

대문이 삐꺽 닫히기도 전에
우리 아기 어디 있니 어디 있니
알록달록 사탕도 아니고 달콤한 식혜도 아닌
아무 맛도 없는 숙랭을
할머니는 누가 먼저 마실세라 한사코 내게 주셨다

숙랭을 마시면 겁이 없어진다더니
애먼 공부랍시고 부모 떨어져 사는 울보에게
세상 겁내지 말고 살라는 당부셨을까

속이 더부룩하면
나는 냉수에 밥을 말아 먹는 습관이 있다
말갛게 가라앉은 흰 밥풀 하얀 감촉
할아버지와 나눠 마시던 담담한 의식
그 무색무취의 맛이 몸속에 가라앉는다

할머니, 괜찮아요
어둠 속에서 뭉클거리며 움직이는 것들
마른 밤하늘을 가르며 오는 벼락도 이제 무섭지 않아요
저는 버드나무가 되었나 봐요
잘리고 꺾여도 또 잎이 나요

아버지 제 꿈은요/ 그리운 꿈/ 耳順

아버지, 8살 제 어린 꿈이 뭐였는지 아세요? 강화국민학교 앞 구멍가게 집 딸 되는 거였어요

낮은 슬레이트 지붕의 가게에는 눈알사탕이랑 별 사탕이 든 병, 소라과자, 설탕을 녹여 만든 과자는 토끼 새 꽃 모양을 만들며 달콤했어요 연탄불에 구워 팔던 5원짜리 오징어 다리, 순이가 사준 오징어 다리 하나를 조물조물 씹으면서 언덕을 내려왔죠 구수하고 짭조름한 그 맛, 10원만 주세요 네? 아버지 5원만 주세요 묵묵부답의 아버지, 팍팍한 삶이었지만 당신은 딸에게 꿈이 뭐냐고 묻기를 좋아하셨습니다

12살 때, 서울 큰아버지 집에 공부 열심히 하라고 저를 떼어 놓고 가셨지요 건넌방 기둥에 붙여 놓은 아버지의 11계명이 제 꿈이 된 것일까요 남이 걸을 때 뛰어야 한다 남이 한 걸음 걸으면 넌 두 걸음 걸어야 한다 아침잠이 많은 나는 11계명을 외우며 눈을 비볐어요 밤이 베갯잇을 적시며 잠들었어요 조심스럽고 어른스러워졌어요 耳順이 되었어요

3월의 찬기가 감도는, 당신의 무덤에 무릎 꿇고 손을 모아 봅니다

아버지, 제 꿈은요 더 이상 꿈꾸지 않는 거예요

오냐, 애썼구나… 애야 고맙다

걸어온 길이 가지 못한 무수한 길들을 되짚어 피는,
봄처럼 그리하여 꿈인가요

손바닥에 제가 좋아하는 제비꽃을 쥐어주시네요 아, 아버지

양소연 시인
덕성여대 국어국문학과 졸업, 국민대학교대학원 상담심리학전공, 2014년 계간 《다시올문학》 신인상 수상, 글샘동인, 현)중학교 교장 재직 시집 『가슴뼈 하나 빼내듯 떠나보낸 사랑』

달맞이꽃 외 4편

권 용 해

날이 어두워지면 달맞이꽃이 되자

환한 달빛 아래 월하낭자 오셨다

아침이나 낮에도 하얀 달이 떴으면

월하낭자 오신다 달맞이꽃이 되자

빗소리

빗소리 빗소리 나는 네가 가엾다
상공에 녹은 눈 되어 내린 빗소리

여름비도 실은 겨울의 눈물 아니냐
빗소리 빗소리 마음 울리는 소리

비는 땅에 고이고 파장 모이지 않고
탄천에 흘러 흘러 솔언덕을 적시고

비바람 다시 올라 녹은 눈 흩날리고
비는 다시 겨울에 눈 내릴 다짐하고

창월곡(蒼月曲)

어느 날 오후에 달에 가서 살겠소

청천에 흰 달 뜰 때에 달에 가겠소

달에 가 살겠소 달에 가서 살겠소

창공에 흰 달 날 때에 달에 가겠소

사슴벌레

넋이 나간 것처럼 보이지는 않는가
밤하늘에 묻는다 그대는 괜찮은가

투쟁하지 않는 자 이곳에 오지 말라
참나무 아래 누울 자리 비워놓아라

그대 잠 못 드는가 어서 걸어 나오라
사선으로 뜬 달은 당장 길을 열어라

넋이 나간 것처럼 보이지는 않는가
밤하늘에 묻는다 그대는 괜찮은가

바람

바람도 생명이다 잠깐 살고 떠나는
슬픔의 땅에 잠깐 살다 허공에 죽다

바람은 누구보다 더어 더 짧게 산다
불꽃보다 이슬보다 더 짧게 살다 간다

바람은 불어온다 버드나무 사이로
온몸을 바쳐서 세상을 다 바꾼다

순간을 살더라도 무형의 모습 남기며
잠깐 살고 떠나는 바람도 생명이다

권용해 시인
경상북도 경주 출생, 경북대학교 지질학과 졸업, 연세대학교 대학원 졸업, 호는 아월(亞月), 계간 《다시올문학》 시부문신인상, 현재) 프리랜서 박물학자, 동인시집 『눈물의 연대기』 외
historykid94@naver.com

떠나는 사랑 외 4편

이유호

풀잎은
이슬 젖은 채
아침을 맞이하는데

햇살아
떠나지 마라
젖은 가슴 어찌하나

바람아
떠나지 마라
내 눈물 쏟아진다

사랑아
떠나지 마라
젖은 가슴 어찌하리

멸치와 잠

늦은 밤
잠 술을 마시려다
멸치 눈과 비스듬히 마주쳤다
난감하다

너의
바다를 가르면
그 틈새로
헤엄칠 수 있을까
환장한다

너라도
조류에 누워
바다를 꿈꾸게 하자

술잔을
달빛에 눕혀놓고
잠든 멸치를 세어본다
하나 둘 셋 넷….

마음 상자

마음을
쏟아놓고

빈자리
차지하는 추억들

기억 저편에
하나씩 옮겨놓다가

마음 끝에
걸려있는 얼굴 하나

밤새
망설이다가 다시 담아놓았네

밤낚시

마음 깊은 곳
찌 불 하나 세워놓고
어둠 빤히 바라보다
그리움이
툭! 건들면
밤이
와르르
무너진다

사랑하는 당신이
새벽안개 속으로 걸어온다.

치악산(雉嶽山)의 전설

치악산을 등산하면서 상원사 대웅전에서 부처님께 아홉 번 절하고 9층 석탑으로 소원을 쌓아 올렸다. 소원 성취를 바라는 마음을 담아 시주하고 대웅전을 나오니 물안개 속으로 종소리는 흐르는데 꿩은 보이지 않는다. 목숨을 구해준 보답으로 범종에 세 번 몸을 던져 선홍빛 꽃으로 피어난 꿩이 아홉 소원을 품은 나의 가슴에 푸덕인다. 비로봉에 올라 하늘 깊은 곳에 돌탑을 쌓아 올린 사람들의 마음을 돌 틈새로 한참을 엿보다가 하산 길에 구룡사에서 소원을 다시 빌어볼까 생각하다가 발길을 돌렸다. 의상대사가 연못에 살고 있는 아홉 마리 용을 쫓아내고 그 자리에 절을 창건하여 뜨거운 물에 눈이 멀어 도망가지 못한 용이, 등허리에 쇠말뚝이 박힌 절 앞 거북바위도 나의 소원성취를 달가워하지 않을 것 같다. 등산을 마치고 버스를 기다리면서 감자전에 막걸리를 마시면서 눈먼 용에게, 등허리 아픈 거북바위에 한 잔의 술을 바치며 나의 소원도 꿩과 함께 날려 보냈다.

이유호 시인
2020년 계간 《다시올문학》 신인문학상, 전망 동인
miso807@hanmail.ne

낙엽, 나무의 이야깃거리를 훔치다 외 4편

안갑선

훤한 대낮
한 보따리 챙겨 땅바닥으로 사뿐히 내려앉고는
사그락거리며 골목으로 사라지는 나뭇잎들.
전생에 갈고닦은 것처럼 능수능란한 것이
한두 번 해 본 솜씨는 아니다
귀한 보물이라도 챙겨 왔는지
몸이 부서져도 숨겨온 물건을 보여주지 않는 것 보면
대단한 물건인 것은 틀림없다
벌써 나뭇가지 하나는 다 털려 앙상하다
나무는 겨울나기 위해
나뭇잎을 버리고 있었다는 것을 비밀로 하자
그것도 모르고
주렁주렁 매달려 도망갈 기회를 엿보는
눈치 없는 이파리들
자전거가 지나가면서 낙엽을 밟고 말았다
널려진 파편 사이로 투병생활을 하는
아내를 걱정하는 사내의 시름이 와르르 쏟아졌다

새가 된다는 것은

오솔길에서 총총 뛰놀고 있는 새들을 봐
나뭇잎처럼 땅 위로 곤두박질쳤다가는
후루룩 다시 일어나 잎이 되는 새들을 봐
우리도 새가 될 수 있으랴
새가 되기 위해
뼛속까지 다 비워야 하느니
새는
비가 오면 식음을 전폐하고 날개를 접는다
그렇게 우리도 물욕을 참을 수 있으랴
비가 멈추자
과수원 허수아비는 청까치를 보며
훠이훠이 노래를 부른다
새가 된다는 것은
그물망 위에서 춤사위를 펼칠 수 있어야 하는 것
쉽게 생각할수록 쉽게 잊으리
새는 그렇게 살아가네

다시올문학관 누님

노고산 기슭 일영 삼상리 계곡에는
시 팔이 하는 소녀가 살고 있다

시도 팔고 커피숍도 하는데
종일 커피 한 잔 팔고도 좋아한다
오가는 사람 뜸 한 곳이라
사람이 그리웠던 것이다

곱게 담은 풍경이 정상부터 물들이며
산을 품고 계곡을 끼고 내려와
추색이 하늘거릴 때면
무수한 시어를 챙겨와
전화기가 뜨거워지도록
허물을 벗느라

詩, 사세요
詩, 사세요 詩, 팔이 하는 소녀

소녀의 시는 봄소식을 담은 우체통이다
가을을 배달하는 우편배달원이다

커피 한 잔 팔면서
바리바리 퍼주는 정 때문에
시가 맑고 푸르게 시시 한다

노고단 정상에 구름 한 점 걸려 나풀거린다
한 올 한 올 시를 꿰고 있을 누님은
누구에게 시를 팔까 고민 중이다

이유가 있는 도시

열차가 도시에 멈춰 섰을 때
지명만으로도 가슴 뭉클해질 때가 있다
종착역이라는 푯말이 붙어
발이 묶였으면 좋겠다 싶을 때가 있다

가슴에 만달로 떠 있는 그리움
이대로 하차해서
신발을 잃어버렸으면 좋겠다 싶을 때가 있다

세상의 그 많은 단어를 조합해도
쓸 글귀는 없을 것 같아서
나를 포장하여 배달하고 싶을 때가 있다

열차는 눈치 없이 울컥거리며
제 역할을 충실히 해내고 있고
발자취 하나 내려놓지 못하고
나는 도시를 스쳐 간다

새삼 떠나는 길에 질투가 느껴진다

병원 가는 길

아내가 항암치료를 위해 병원 가는 길
나뭇잎은 떨어지고
들판의 벼는 베어져 방앗간으로 실려가
을씨년스럽다
나무는 아차 싶었는지 다시.
부랴부랴 새싹을 돋게 하고 꽃을 피웠다
아내는 11월에도 꽃이 피었다며
함박웃음 지으며 병원에 간다
나는 당신에게 화분이 되어주겠다며
아름답고 좋은 생각만 하고
희망을 생각하고
파란 하늘만 바라보라고 하였던 약속이
나무다리 썩어가는 탁자를 의지한 채
위태롭게 앉아
담장 너머 들판을 응시하고 있다
아파트에도 꽃사과 꽃이 피고
개나리꽃이
아내에게 화분이 되어주고 있다.

안갑선 시인
2002년 시집 『그대 가슴 밖의 내 마음』으로 작품 활동, 다시올문학회 회원, 시집 『통화중』, 『바지랑대와 손 고동 소리』 외 2권
angabsun@hanmail.net

얼룩진 시월 외 4편

-기일(忌日)

김 영 은

울긋불긋 잘 정돈된 계절의 극진한 대접을 받으며 시안공원 묘지에 갑니다. 아스콘 바닥 사이로 아직 여름이 흔들립니다. 대형 우체통을 바라보며 언덕에서 언덕으로 오를수록 가을 냄새가 명료해지는 것을 느낍니다. 그리움이 솔깃해집니다

강진 호수가 바라다보이는 선산도 마다하고 막내아들이 모신 구역 저편의 작은 집 한 채, 네모반듯한 게 크기만 다를 뿐 아파트나 별반 차이가 없습니다만, 석실이라 답답해 보이기도 합니다

아직은 동 호수를 기억하지 않아도 현관 앞에 세상을 끌고 다닌 신발 대신 만발한 조화가 항시 새로운 누군가를 기다리고 있습니다

초인종 대신 낡은 안부를 밀어내고 새 소식 환하게 바꿔놓는 생일이라든지 기념일에 우르르 몰려왔다 가버리면, 그날을 기억하느라 미처 치우지 못한 부재중에도 붉으락푸르락 당도하는 자식들 위해 단풍 대접하느라 분주한 가을이 한창입니다

첫사랑, 그 남자

내 것이었던 그 남자
아직 소나무처럼 푸르네
모든 것이 변하고 사라져
추억마저 시들해진 지금
술 한번 나준 적 없는데
그는 여전히 고딩이네
푸르게 사랑하던 시절이
한 귀퉁이에서 맴돌다
고향 등진 나비처럼 이 도시
저 도시 유령처럼 떠돌다
무명 배우처럼 사라졌는데
뜬금없이 내 삶에 들어와
인생은 지금부터라고
배우 아닌 배우가 되어
사라진 기억을 연출하며
다정하게 이름 불러주는
옛날 옛적 그 남자
다정도 병인데 어쩌자고
사시사철 변함도 없이
푸르를까?

뱃멀미

남해에 가기 위해 부산항에 도착했다
출발부터 뱃멀미로 힘들었던 남해 여행
힘든 와중에도 배에서 만난 사내아이
키가 크고 투박한 경상도 사투리에
정의감 넘치는 까까머리 중학생
웩웩 물고기 밥 주고 있는 내게
등 두드려주며 난간 붙잡고 애원해야
멀미가 가라앉는다고 어른처럼
마음마저 한참을 다독여놓고는
뱃머리 돌아 선실로 들어가 버렸다
메스꺼움에 울렁거리는 가슴 여전한데
배낭 메고 짐까지 챙겨 나온 그 아이는
서너 번의 등을 더 토닥여주고는
아무 일 없다는 듯 번호 하나 남기고
배가 충무에 닿자 순식간에 없어졌다
그렇게 사내아이가 배에서 사라지고
남해까지 가는 내내 그 아이만 생각했다
어디를 가니 물어라도 볼 걸 후회도 했다
그때 그 사내아이를 궁금해하는 것이
그 아이를 아프게 하는 것인 줄 몰랐다

난 동생이라고 생각한다는 것이
넌 나를 찾아 헤맸다는 것을 왜 몰랐을까
너를 생각하면 지금도 난 멀미를 한다

사랑아, 내도 운상이 보고잡다

- 머위 대, 부추 그리고 으아리

친하게 지내던 지인이 양주시의 철거명령을 받고 이사를 했다

함평 사랑이네 집에서 얻어와 심어준 부추와 머위 그리고 운상이가 산에서 캐준 으아리가 어찌나 실한지 하우스에 올라앉은 자태가 예사롭지 않았다. 같은 종인데도 우리 집에 심은 것은 너무 여릿해 캐가라고 하지 않아도 내심, 다시 캐다 바꿔 심고 싶을 지경이었다.

마침, 부추 뿌리도 필요했다
사랑이와 운상, 그들과의 인연을 생각하며 해거름까지 캤다
본적도 없는 한 고랑의 부추 뿌리를 캐며 실컷 보았고
아픈 동생 위해 밭고랑 누비며 샅샅이 캤다

햇살에 환장하던 어느 해 봄날
함평에 눌러앉은 사랑이가 산부추라며 꽃이나 보소하기에 받아온 부추와 머위, 군데군데 심어놓고 꽃의 용도로 보면서. 요리하다 초록이 필요할 때면 가끔 대용으로 뜯어다 쓰기도 하고 소식이 뜸해도 꽃이 으리으리한 으아리를 보면 우직한 봄을 선물하던 운상이 같아 자꾸 생각나곤 했는데 부추와 머위를 캐다 말고 환하게 올라앉은 으아리를 바라보며 해 저물도록 그 인연을 생각했다.

부지런한 친구 신랑은 두어 뿌리 준 것을 밭 한 고랑으로 넓혀 놨고, 어리디어려 살아날까도 싶은 조그마한 한 뿌리를 하우스 귀퉁이에 심어줬는데 해가 바뀔수록 쇠기둥 타고 올라가는 줄기가 오래된 등나무 줄기 같이 꽃 하나가 내 머리통만해서 내가 심어주고도 부럽기 짝이 없었다. 농사를 잘 짓는 친구 신랑 덕에 머위 나물도 때맞춰 먹을 수 있었고 꽃은 꽃대로 장아찌 담고, 잎은 잎대로 쌈으로 먹고 들깻가루 범벅으로 구미에 맞게 먹었다

돌보는 이 없는 빈 하우스에 저리 환한 꽃을 피우고 입맛 돋우는 저것들을 홀로 무성하게 내버려 둘 수는 없었다. 때로는 무심히 꽃 피우는 것이 더 아름다울 수도 있겠으나 세상을 뒤덮는 어마 무시한 시국에 환한 저것들을 기어이 내 곁으로 모셔와야 내 맘이 살겠다싶어서 …,

그래야 모두의 봄날이 길을 잃지 않고 찾아 들것 같아서…,

4월 혁명
-코로나 19

참담한 시국을 대변하듯
산수유 노랗게 만발했다
남도의 소문에 벙그는 목련
만개한 바이러스 자리 옮기며
진상규명 없이 우후죽순으로
입만 벙긋하면 코로나에
팝콘처럼 터지는 확진자
우울한 나날과 거리를 두며
힘겹게 내전 중인 봄은
봄이 와도 봄날이 아니다
하지만, 코로나, 제아무리
도시를 감염시키고 휩쓸어도
나는야 길 따라 꽃 찾아
투표하러 간다

김영은 시인
단국대학교 요업공예학과 졸업, 2003년 월간 《시사문단》 등단, 도서출판 다시올 대표, 다시올문학 발행인, 동인시집 『어떤 초상화의 모티브』 maxim3515@naver.com

수필

헛웃음

헛웃음_최종태

여래사의 추억_김대업

헛웃음

최 종 태

아침 운동 나갔다가 보고 싶었던 지인을 만났다. 반가움에 달려가서 손을 잡으려 했더니 주먹을 내민다. 손을 잡고 따스한 정을 느끼며 정을 주고받던 예법을 코로나19가 주먹치기로 투박하게 바꾸어 놓았다

'마스크 쓰기', '사회적 거리 두기' 등은 개인 방역의 기본적이요 필수적인 대응 수단으로 이해해도 좋겠지만 이것도 문제는 많다.

마스크는 안면을 가리니 언뜻 보아 본모습을 알아채기 어려운 익명성이 높지만 그래도 지금으로서는 그 수밖에 딴 도리가 없지 않은가?

마스크 쓰기는 개인의 본모습을 '탈' 처럼 가려서 외관상으로는 혐오를 주고, 호흡곤란 등 불편을 준다. '마음만은 더 가까이' 라고 하지만 '안 본 정이 나느냐' 라는 우리 속담처럼

더 가까워지기가 어렵다. 이런저런 지침만으로 사람 사는 맛이 나겠는가? 결국 집콕, 방콕이라는 은둔생활(隱遁生活)로 빠지기 쉽고, 사회관계의 고독감, 외로움, 우울증까지를 유발하니 쉬운 것이 하나도 없다.

웃어보자!

웃음거리가 없다면 헛웃음이라도 좋다.

웃음이란 웃는 일, 또는 그런 소리나 행동을 말하고, 헛웃음은 마음에도 없이 지어서 웃는 웃음이라고 하는데 영국의 한 매체, 메트로 등 외신은 '코로나에 감염된 어머니를 만나지도 못 하고 밤이면 창문가에 걸터앉아서 유리창 너머로 어머니의 죽어가는 모습을 바라볼 수밖에 별도리가 없었다던 팔레스타인 헤브론에 사는 하드 알스 와이티(30)의 사연을 듣는 데 이런 애석한 일이 어디 그곳만일까 나도 조심하지 않으면 안 되겠기에 개인 방역수칙을 철저히 지키며 생활하고 있지만 코로나19는 빈부귀천, 남녀노소를 가리지 않기 때문에 더 철저하게 방역을 하고 단단히 예방해야 한다.

할아비라고 나를 보러 손자들이 이따금 방문하는데 그들을 만나는 반가움은 말할 수 없이 고맙지만, 그러다가도 '만약에 내가 ~ 한다면' 이 사랑스런 아이들이 마음 놓고 나를 찾아올 수 있을까? 가족의 문병조차 제한을 받는다고 생각을 하니 외로움과 고독감이 엄습(掩襲)해온다.

'집콕 이니, 방콕' 을 하다 보니 몸이 불편해지고 마음도 우울하고 고독해진다. 이럴 때 명약이 헛웃음이다. 허~허하고 헛웃음을 웃어서 빈 가슴을 채우고 한숨짓고, 또 이러는 내가 가여워서 '허어~ '하고 또 헛웃음을 짓는다.

헛웃음은 객쩍은 몸짓이지만 뭇웃음과 합해지면 제법 점잖은 품위를 보이기도 한다. 바이러스의 범접을 막는 자가 방역은 운동이라도 열심히 해서 체력을 보강하는 길이 상책이라고 알려준다. 자전거 타기를 해서 체력을 유지하기로 마음먹고 자전거 타기를 시작했다. 그것을 타고 한강 둔치 자전거전용도로를 따라 다녔다. 50여 년 만에 다시 타보는 자전거라서 겁이 나고 서툴다. 전용 도로를 따라 주행하다 보니 일단의 젊은이들이 그룹을 지어 달려 나오면서 길을 비키라며 재촉한다.

그때마다 부딪치어 넘어질까 봐 걱정을 하면서도. 체력관리를 하려고 시작한 운동이 자칫 '자전거 낙상' 이라는 이차적 재난으로 이어질까 더 염려되어 일단 자전거 타기를 중단했다.

그리고 가볍게 동네 산책을 하는데 일이 생겼다.

동네 집 근처를 걷는데 갑자기 헛짚어서 몸이 기울더니 중심을 잃었다. 예상치 아니한 2차 재난사고(사고 뒤에 발생한 연쇄적 사고)를 당한 것이다. 그토록 염려했던 노인 낙상을 순간 통제할 수 없는 무력감 때문에 당한 것이다. 어쩔 수가 없었다. 우측 무릎이 지면을 내리찍었다. 그래도 왼쪽 팔이 땅바닥을 짚어주었기에 낭패는 면한 것 같다. 뒤따라오던 젊은이가 달려와 부축해서 일으켜주는데 고맙고 창피하다는 생각이 들었다.

이럴 때 창피를 덜 당하기 위해서는 헛웃음이 필요한 순간임을 직감하고 다음 순간 '허~어' 하는 나의 헛웃음에 그 청년은 안도하듯 종종걸음으로 걸어간다.

고마운 그의 뒷모습을 한참을 바라본다. 헛웃음은 아무도

시비를 걸지 않고 세금부과도 않는다.

공짜의 헛웃음을 마음껏 웃어서 가슴에 맺힌 한을 풀자!

최종태 수필가

1939년 3월 14일생, 대경대학교 경찰행정과 교수역임, 2018년 계간 《다시올문학》 수필 부문 신인문학상, 동인지 『햇빛을 만지다』 외

choi-314@hanmail.net

여래사의 추억

김 대 업

나는 춤을 추고 싶었다.

물들어가는 내 영혼은 속으로 소리 지르고 있었다. '너는 기회가 올 것이다' 일산 신도시에 살면서 가까운 여래사를 즐겨 찾았다. 초하루나 보름, 일요일이면 등을 달고, 기도를 올리기 위해 열심히 여래사를 다녔다.

그리고 그해 여름이었다.

여래사 경내에서 고양시 여성은나래 합창단 40여 명 중에 친하게 지내던 부단장을 절에서 우연히 만났다. 반가운 마음에 부단장을 따라서 나도 한자리에 끼어 앉았다. 그때 내 옆자리에 젊고 예쁘장한 여성이 앉아 있었는데 한눈에도 기품이 있어 보였는데 부단장이 고전 무용선생이라고 소개를 해

주었다.

사람의 인연이라는 것은 이처럼 뜻밖의 상황에서 일어나는 돌발적인 만남이 아니겠는가. 나는 '무용' 이라는 말에 왠지 가슴이 뛰었다. 어려서부터 무용에 관심이 많았고, 남다른 소질과 재주가 있었고 살아오면서 무용과 춤은 늘 내 가슴 속에서 꿈틀거리고 있었는데 무용가를 꿈꾸던 그 시절에는 가정형편이 어려워서 꿈을 접어야 했지만 평생을 무용에 대한 미련을 떨치지 못하고 살아왔다. 내 나이 칠십이 훨씬 넘어서면서도 기회만 주어진다면 무용은 꼭 다시 해보겠다고 마음먹고 있던 참이었다.

그런데 무용 선생을 만나게 되어 그 오랜 꿈이 내 안에서 다시 꿈틀거리기 시작했다. 무용선생을 소개받고 며칠이 지나서 전화가 왔다. 무용선생이었다. 무용을 다시 배우고 싶지 않느냐며, 시간이 허락 된다면 함께 열심히 연습해서 무용의 꿈을 키워 보자는 제안이었다.

나는 전화를 끊고 잠시 멍했다.

분명 좋은 기회가 온 것이다. 그러나 마음이 흔들리기 시작했다.

그리고 지금의 열정이라면 무용가의 꿈을 이룰 수 있을 것이라는 착각에 빠졌다. 착각은 아편 같은 것이다. 접어 둔 꿈을 꾸기 위해 다시 일어서게 하는 명약이었다.

그해 겨울 나는 추운 날씨도 아랑곳하지 않고 무용을 배우러 나갔다.

운정에서 버스를 타고, 다시 또 버스를 갈아타면서 여래사

경내에 있는 무용반으로 달려갔다. 무용반은 60대에서 80대에 이르기까지 다양한 연령층이 어울리며 서로의 꿈을 향해 도전하고 있었다.

처음에는 발동작과 손동작, 몸짓 하나까지도 마음대로 되지 않았다.

그럴 때는 스스로 실망감을 느끼기도 했다. 그러나 열정은 앞서 있어서 열심히 따라 했다. 실수하는 부분은 완벽하게 될 때까지 끊임없는 연습에 연습을 거듭했다. 그러한 모습을 지켜보는 무용 선생은 희망이 있다고, 격려도 많이 해주셨고 무용수업은 추운 겨울 내내 계속했다.

이듬해 매화 향기가 그윽한 봄, 거리에는 목련이 꽃망울을 맺고, 벚나무 아래서 제비꽃이 피어나고 있었다. 이름 모를 야생화 화분이 있는 동구청에서부터 여래사까지 꽃길이 이어져 있었다. 나는 그 아름다운 꽃길을 걸어서 팔순의 무대 공연을 상상하며 열정을 다했다.

마음은 한창 무용 공연에 대한 환상에 빠져 있는데 뜻하지 않은 걸림돌이 생겼다. 서울로 이사를 해야 했다. 여래사까지 교통편이 좋지 않고 오가면서 몸이 지치는 날이 많았다. 결국, 오랫동안 꿈꾸던 무용수업을 접어야 했다. 그러나 60대에서 80대까지 구성된 무용모임은 계속됐고 자연스럽게 무용수업을 빠지면서 한쪽 마음은 늘 여래사 무용반에 있었다. 그런데 마침 내가 다시 파주 야당으로 이사를 하면서 다시 무용반에 다니기 시작했지만 무용수업을 다니면서 발목을 다치고, 허리와 등에 통증이 생기면서 몸이 힘들었다.

내 나이 84세, 어떤 사람에게는 나이가 숫자에 불과하고, 또 다른 사람에게는 꿈도 포기하고 몸도 마음도 내려앉는 나이라고 말한다. 그러나 나는 아직 몸도 마음도 80대가 아니다. 내가 무용을 포기 않는 이유가 바로 그것이다.

2020년 새해 아침 새로운 결심을 했다.

돈을 아끼고 절약하는 것도 중요하지만 대중교통 이용을 줄이고 택시를 많이 이용해야겠다고 생각했다. 그래서 몸을 아껴가면서 무용에 전념해야겠다.

그래, 올해 4월 초 8일 행사에서 무대에 오른 내 모습이 기대된다. 그날 꽃 같은 관객 앞에서 세상에서 가장 아름다운 하얀 나비가 되어 훨훨 날아볼 참이다.

파주 야당에서 1월 11일

김대업 수필가
2016년 시, 수필 등단, 다시올문학회 회원
수필집 『모란이 피네』, 시집 『0시의 강남』
eummason@hanmail.net

다시올문학회 전망 9집

오래된 울음

엮 은 이 | 조영환 외
발 행 인 | 김영은
디 자 인 | 박지혜

최판인쇄 2020년 12월 10일
초판발행 2020년 12월 17일

편집제작 | 다시올
출판등록 | 제310-2007-00028
주　　소 | 서울 노원구 광운로 32, B 01호
전　　화 | 031-836-5941
팩　　스 | 031-855-5941
메　　일 | maxim3515@naver.com

값 11,000원
ISBN 978-89-94414-97-3 03810